FAILURE BY
DESIGN
The Story Behind America's
Broken Economy

劫贫济富
美国经济数据背后的真相

[美]乔希·比文斯(Josh Bivens)◎著
喻海翔 罗康琳◎译

北京大学出版社
PEKING UNIVERSITY PRESS

著作权合同登记号　图字：01-2013-1529

图书在版编目(CIP)数据

劫贫济富：美国经济数据背后的真相/(美)比文斯(Bivens,J.) 著；喻海翔，罗康琳译.—北京：北京大学出版社，2014.7

ISBN 978-7-301-24205-6

Ⅰ.①劫… Ⅱ.①比… ②喻… ③罗… Ⅲ.①经济政策－研究－美国 Ⅳ.①F171.20

中国版本图书馆CIP数据核字(2014)第090396号

Failure by Design:The Story Behind America's Broken Economy, by Josh Bivens(an Economic Policy Institute book)originally published by ILR Press, an imprint of Cornell University Press
Copyright©2011 by Cornell University
This edition is a translation authorized by the original publisher,via CA-LINK International.
本书中文简体版由北京大学出版社出版。

书　　　　名：	劫贫济富——美国经济数据背后的真相
著作责任者：	[美]乔希·比文斯 著　喻海翔 罗康琳 译
责 任 编 辑：	宋智广　王业云
标 准 书 号：	ISBN 978-7-301-24205-6/F·3942
出 版 发 行：	北京大学出版社
地　　　　址：	北京市海淀区成府路205号　100871
网　　　　址：	http://www.pup.cn　新浪官方微博:@北京大学出版社
电 子 信 箱：	rz82632355@163.com
电　　　　话：	邮购部62752015　发行部62750672 编辑部82632355　出版部62754962
印　　刷　者：	北京正合鼎业印刷技术有限公司
经　　销　者：	新华书店 787毫米×1092毫米　32开本　5印张　90千字 2014年7月第1版　2014年7月第1次印刷
定　　　　价：	32.00元

未经许可，不得以任何方式复制或抄袭本书之部分或全部内容。
版权所有，侵权必究
举报电话：010-62752024　电子信箱：fd@pup.pku.edu.cn

FAILURE BY DESIGN
THE STORY BEHIND AMERICA'S BROKEN ECONOMY

目录

- 前言 /1

- 图表一览 /7

第一章　经济"大衰退":带来的危害与揭露的腐朽 /001

第二章　"大衰退"的诱因:房产泡沫引发就业危机 /009

　　　　"大衰退"余波:就业市场 /016

　　　　"大衰退"余波:衡量经济安全的更宽泛指标——贫困率、医疗保险和财产净值 /032

第三章　应对"大衰退",采取了哪些措施,它们奏效了吗? /037

　　　　"大衰退"的动态 /039

　　　　《复苏法案》的争议:它包含了什么? /041

　　　　《复苏法案》的争议:它到底奏效吗? /044

　　　　《复苏法案》的争议:为什么是消费者支出而非政府支出引领经济复苏? /052

第四章　"大衰退"过去一年多了,"任务"完成了吗? /055

　　　　无动于衷,而非过度监管 /057

汇率政策 /058

　　货币政策 /060

　　财政政策 /062

　　清晰的经济，模糊的政治 /064

第五章 "大衰退"揭露出的脆弱基础 /069

　　最低工资的减少 /070

　　侵犯劳工组织工会的权利 /070

　　美国工人的全球一体化和精英阶层的与世隔绝 /072

　　金融的崛起 /074

　　放弃以充分就业为目标 /077

　　选择决定经济 /085

　　"大衰退"前三十年间的收入：增长更慢，更不公平 /087

　　人人都在富起来，只是有钱人富得更快一些吗？/093

　　为什么典型家庭的收入与整体经济增长不符？/099

　　工资的缓慢增长没有换来更多的经济安全或缩小种族差距 /111

　　美国家庭如何应对工资的缓慢增长和经济安全性的下降？/116

第六章 何去何从？/125

- 参考文献 /133
- 美国经济政策研究所简介 /136
- 作者简介 /140
- "美国劳工状况"官方网站 /141
- 致　谢 /142

FAILURE BY DESIGN
THE STORY BEHIND AMERICA'S BROKEN ECONOMY

前　言

"美国劳工状况"丛书真实地反映了中低收入美国人的生活水准,问世二十多年来,在追踪收入、工资、工作时长、就业、收入差距的趋势上建立了最佳评判标准,享有盛誉,被英国《金融时报》(*Financial Times*)称为"对美国就业市场最全面的独立分析"。这一成绩反映出美国经济政策研究所成立以来所秉承的两大核心观念:(1)判断经济运行好坏应该看是否帮助绝大多数人提高生活水平;(2)以实证资料为基础制定经济政策具有重要意义。

这二十年多来,"美国劳工状况"丛书列举的数据背后往往隐藏着一个事实,那就是对美国劳工而言,经济运行并不太好。即使在国家经济上升时期,一个典型家庭的生活水平的提升也是缓慢的。当然不乏例外。20世纪90年代后期失业率很低，即使处于收入底端的劳动者也敢于讨价还价、提出加薪要求，使得合理的工资增长得以迅速而全面地实现。

然而，透过"美国劳工状况"丛书可以看出，其出炉的这些年来，**美国经济在很大程度上并未兑现承诺**。国家的全面经济增长没能给大多数人带来富足的生活，因为**经济增长的成果仅集中在高收入群体中**。

"美国劳工状况"丛书至今已推出十一版（编者按：截至2010年12月），用图表详细记录了快速加剧的经济不均和大多数美国人较之缓慢得多的薪资上涨，为这些趋势背后所隐藏的真相提供了佐证。它坚持以提供原始材料为主，很少叙述故事或提出政策建言。在记录了二十多年来不断加剧的经济不均以及第二次世界大战以来最严重的经济衰退后，美国经济政策研究所的研究人员愈加清楚地看到，**在这些公认真实的数据背后，隐藏着一个美国经济的真相**。这就像视觉游戏，一幅大图被嵌入同一平面重复出现的各种小图形中，变得隐蔽以来，对于那些无意寻找或是观察角度不对的人而言，真相可能并不明显。

因此，最新版"美国劳工状况"丛书不像以前是单一的大部头著作，而是同时推出印刷版和电子版。老读者熟悉的大部分数据资料将有更广泛的获取途径：全新的"美国劳工状况"网站。和以前的印刷版本一样，新版以表格和曲线图为支柱，同时提供原始数据，供对其感兴趣的读者使用。除了给出数据及其分析，经济政策研究所相信，今天独特的经济形势需要我们作出更多的阐释，**讲述美国经济不景气背后的真相。这正是此书的内容。**

在《劫贫济富——美国经济数据背后的真相》一书中，乔希·比文斯对"美国劳工状况"丛书中的数百幅曲线图进行了重要分析，以清晰的视角将数据背后所隐藏的美国经济真实的故事娓娓道来。他指出，这些曲线图告诉我们，美国的经济体系可以说是"人为的"。只要作出与现行政策不同的决策，结局是有转机的。比文斯在书中概述了政策取向是如何导致现在的糟糕局面的。这些政策包括允许通货膨胀导致的最低工资贬值、使适用于工会和集体谈判的法律严重向资方倾斜、精心制订有益于既得利益者的全球化规则，等等。由此招致的后果反映在"美国劳工状况"丛书二十多年的进程中——中低收入人群的工资和收入增长缓慢，与此同时，上层人士的收入增速惊人。重要的是，比文斯坚称这些后果其实是可以预见的（事实证明的确如此），他的论据清晰：你的选择决定你的经济！

比文斯指出，上述收入变化不仅对美国的普通劳工不利，对所有人而言也同样不利，因为它会导致经济更为脆弱。美国经济

"大衰退"的发生有力地展现出这种脆弱经济的真正危害——金融部门催生了房产泡沫,由于放任其自我调节,泡沫最终演变成一场经济灾难。

"美国劳工状况"丛书自问世以来,见证了美国经济发展的不均衡。在"大衰退"刚结束的今天,比文斯指出,这一发展趋势使经济变得更加脆弱。他以"美国劳工状况"丛书中的成果为基础进行分析,在我们面临的许多问题上,对现行政策采取了更为尖锐的反对立场。鉴于我们为摆脱"大衰退"而选择经济策略时所冒的风险,我们发现**只是一版一版地讲述美国经济的故事还不够,揭开其背后的真相更为重要**。《劫贫济富——美国经济数据背后的真相》就是我们公开真相的尝试,它是对"美国劳工状况"丛书在记录收入、工资、就业和收入差距的趋势上所做工作的重要补充。"美国劳工状况"丛书的成果继续在新的官网上公布,印刷版已于2012年推出。

制定的政策能使经济增长更持久、受益面更广,这并非难事。例如:规定能维持家庭生计的最低工资标准与物价联动机制,使之与全面的经济增长保持同步;改革劳动法,若私营企业有一半员工希望成立工会,则应得到允许且不必担心报复;签订既保护跨国企业,也维护美国劳工利益的贸易协议;加强对金融部门的监管,正是其在关键时刻的错误抉择使房产泡沫演变为美国历史上一次严重的经济衰退。上述策略是任何一个改革人士都会高度重视的。《劫贫济富——美国经济数据背后的真相》一书想要阐明的是，寻找经济决策的新方向是大势所趋，能产生期望的效果。不是因为经济不景气已持续约三十年，而是经济仍在按照原先的设计运转。以现在的形势看，这种经济政策忽视了人们对工作品质和经济保障的需求。其实，在政策出台伊始我们就被告之，自由放任的经济政策会使消费者生活得更优裕，因为商品和服务将变便宜。美国奉行的这种种政策包括：推行不受约束的全球化进程，放松行业监管和对金融市场的监管，弱化安全网，制定低标准的最低工资和加班费，允许差别待遇，对工作中的安全和健康制定低标准，将公共服务私有化。结果可想而知，工作质量下降、经济保障降低，这样的经济要想发展，只能依靠资产泡沫和不断上升的家庭负债。**过去的三十年，政策杠杆用于帮助富人**，这一政策指向得到大胆实施，并产生了奇效。现在是改变这些政策的时候了，要利用政策杠杆帮助每一个人。

劳伦斯·米歇尔（Lawrence Mishel）
美国经济政策研究所所长
"美国劳工状况"丛书作者

图表一览

图1: "大衰退"后工作缺口超1100万个 /018
　　实际就业人数和满足劳动年龄人口增长的职位数量

图2: 2007年的经济衰退使失业率增幅创第二次世界大战以来的新高 /019
　　1948—2010年,16岁及以上人口的失业率

补图1: 2010年后失业率显著下降 /020
　　1948—2014年,16岁及以上人口的失业率

补图2: "大衰退"中陡峭攀升的失业率迅速下降 /021
　　2007—2014年,16岁及以上人口的失业率

补图3: 2010年以来就业率没有上升反而持续走低 /022
　　1948—2014年,16岁及以上人口的就业率

补图4: 2010年以来就业率在低位上基本没有变化 /023
　　2007—2014年,16岁及以上人口的就业率

图3： 对就业市场不景气更全面的衡量/024

1994—2010年，不充分就业人数（包括失业、因经济原因兼职、准待业人口）

补图5：**2010年以来失业人数略低于历史水平**/025

1994—2014年，16岁及以上失业人数月度净变量

补图6：**"大衰退"后的失业人数从2009年开始一直在下降**/026

2007—2014年，16岁及以上失业人数月度净变量

图4： 无法满足的就业需求/027

求职者比率（每个职位空缺对应的失业人数）

图5： 失业越来越多，持续越来越久/028

四次经济衰退的失业情况索引

图6： 经济恢复的前景如何？/029

实现经济复苏的三条可能路径：分别以20世纪80年代、20世纪90年代和21世纪头十年的经济复苏为范本

图7： 对某些人而言，失业危机总是存在的/030

1972—2010年，不同种族的失业率

图8： "大衰退"时期不平等的收入损失负担/031

2007—2008年和2008—2009年，不同种族和民族的中等家庭实际收入变化

图9： "大衰退"带来的另一危害——贫困率攀升/033

五次经济衰退中，从经济周期波峰到贫困峰值期间，劳动年龄人口贫困率增长的百分点

图10： 医疗保险覆盖率下滑速度由慢到快 /034

2000—2010年，65岁以下人口的医疗保险覆盖率

图11： 家庭财富减少 /035

2001—2009年，不同种族的家庭平均净值

图12： 《复苏法案》包含了什么？ /043

图13： 最有效的刺激方式是什么？ /046

"收益最大化"的倍数

图14： 实际国内生产总值、消费开支和就业的季度变化 /047

图15： 2010年第二季度前，《复苏法案》对国内生产总值的贡献 /048

图16： 2010年第二季度前，《复苏法案》对就业的贡献 /049

图17： 2010年第二季度前，《复苏法案》使失业率下降的百分点 /050

图18： 纵使市场化收入暴跌，《复苏法案》仍使购买力保持坚挺 /054

图19： 经济增长加速，失业率下降；经济增长减缓，失业率上升 /067

1983年至今，八个季度国内生产总值增幅和失业率的变化

图20： 最低工资的减少 /080

1960—2009年，最低工资的实际价值

图21： 加入工会人数减少 /081

1973—2009年，美国工会覆盖率

图22： **美国日益融入全球经济** /082

1947—2007年，进出口占国内生产总值的百分比

图23： **制造业减少，金融业增多** /083

私营经济中制造业和金融业所占的份额

图24： **偏离目标** /084

非加速通货膨胀失业率（NAIRU）对实际失业率

图25： **"又快又公平"对"又慢又不公平"** /089

1947—1973年和1979—2009年，按家庭收入五分位分组的实际收入增幅

图26： **增长跑哪里去了？** /090

1979—2007年，税前收入增长分布

图27： **小群体获利最大** /091

1979—2005年，按收入群体划分的家庭税前平均收入增长

图28： **金融崛起带来了什么？不是更多的固定资产投资** /092

固定资产投资和金融业增加值占国内生产总值的份额

图29： **9,220美元的不公平负担** /096

家庭实际中位收入和与平均收入增幅相对应的收入

图30： **就业减少，贫困增多** /097

1959—2009年，贫困率和贫困线两倍以下的人口比例

图31： **另一不公平负担——贫穷不再随经济增长而减少** /098

1959—2009年，实际贫穷率与模拟贫穷率

图32: **整体繁荣和个人富足之间的分离**/103

1947—2009年,生产工人的薪酬与生产力的增长

图33: **不仅仅是得到大学学历这么简单**/104

1973—2009年,按劳工受教育程度划分的中位时薪和生产力增长

图34: **即使处于百分位第95位人群的工资也没有和生产力同步**/105

1973—2009年,以工资百分位划分的时薪和生产力增长

图35: **低收入劳工更容易受到失业率变化的影响**/106

失业率下降一个百分点后,以工资十分位分组的男女劳工工资的百分比变化

图36: **工会覆盖率下降对收入最低者伤害最大**/107

按工资百分位分组的工会工资溢价

图37: **普通劳工的全球化负担**/108

全职中位收入者的年收入

图38: **更多的薪酬流向最顶层人口**/109

1965—2009年,首席执行官平均直接薪酬总额与生产工人平均薪酬的比率

图39: **在金融业工作的红利**/110

金融业全职工作者与其他私营部门工作者人均收入的比率

图40: **医保覆盖率三十年来没有进展**/114

1959—2007年,65岁以下人口不享受医保的比重

图41： **养老金覆盖率——平稳中隐藏着风险**/115

1979—2008年，不同类型的退休金制度

图42： **连预期寿命增长也不公平**/118

1972—2001年，不同收入群体享受社保男性（60岁）的预期寿命

图43： **"大衰退"前，美国人储蓄少、消费多**/119

个人储蓄率

图44： **收入增长减慢，债务随之增加**/120

1945—2009年，家庭负债与个人可支配收入的比率

图45： **20世纪90年代末，股市泡沫代替了储蓄**/121

1947—2009年，周期调整市盈率（CAPE）

图46： **21世纪头十年，房产泡沫取代了储蓄**/122

- **本书所列图表的数据来源及统计方法说明**

　　本书所列图表大部分摘自之前几版"美国劳工状况"（*The State of Working America*）丛书，引自其他研究者的数据已在图表下注明，并在本书最后的参考文献部分列出详细信息。欲了解本书图表构建背后的更多原始资料和统计方法，请访问"美国劳工状况"官方网站（www.stateofworkingamerica.org）。本书所用"典型"一词指中位数，即处于收入分配正中间的家庭或劳工。

第一章

经济"大衰退":
带来的危害与揭露的腐朽

2010年8月,美国失业率达到9.6%,比"大衰退"发生前一年——2007年同期高出一倍多(编者按:根据美国劳工统计局的数据,2010年8月的美国失业率为9.5%,本年年均失业率为9.6%,此后逐年降低,2011年为8.9%,2012年为8.1%,2013年为7.4%,2014年1月则为6.6%);2010年8月,也是飓风"卡特里娜"登陆路易斯安那州海岸五周年的日子。在"大衰退"与"卡特里娜"之间寻找相似之处,似乎是在自20世纪30年代"大萧条"以来最严重的经济危机面前,为心安找理由——毕竟，人无法改变天气。

但"卡特里娜"造成的破坏不能全怪天气，而是与忽视公共设施和社会公共机构的建设密切相关。不是风雨淹没城市，而是堤坝垮塌使城市变为一片泽国。暴风雨来临前几天，当地居民是完全可以撤离的。许多人仅仅是因为财力困窘，负担不起酒店的住宿费，而无法像有钱人那样轻易向别处转移；或是因为社交圈子太窄，不认识外地的朋友，没法在他们的空余房间住上一阵。

这反映出"大衰退"的重要特征。经济危机确实"像天气"那样不可预知，但必然会发生。它对人类的破坏则取决于社会和政府的经济决策。始于20世纪90年代末的房价飙升，最终导致800多万美国人失去工作，失业率创二十五年来新高，而**这一切本来是可以避免的**。

金融领域把希望寄托在房价只涨不跌的预期上，最终失控，对整个经济体带来毁灭性的打击。正是蹩脚的决策使过度繁荣的房产交易长期延续，演变成全面的经济危机。简言之，从"卡特里娜"和"大衰退"造成的后果，不难得出这样的经验教训：将发生的一切简单地归结于命运，就是对执政者的开脱。这两场**灾难带来的危害规模在很大程度上取决于政府的决策，而非不可抗拒的自然力**。

"卡特里娜"和"大衰退"的另一相似之处在灾难结束后不久展现无遗。许多关注飓风"卡特里娜"新闻报道的美国人惊讶地发现,成千上万的同胞深陷贫困——由于买不起车、付不起酒店住宿费、不受风暴影响的地方又没有朋友或亲属,他们没能撤离这座城市。在"大衰退"结束后不久,明显可以看出,**正是决策者对弱势群体的忽视将他们重重地推向经济困难甚至破产的境地**——这些人没有医疗保险、小孩忍饥挨饿、流离失所,甚至陷入极端贫困和破产。其实早在2007年年底,上述情况就出现了。政府长期忽视处于弱势地位的工薪阶层,与之形成鲜明对比的,是对特权阶层关照有加。决策者逐步取消了对金融领域的管制,放心地让金融部门"自我调节",称这样有利于社会和经济的发展。显然,情况并非如此。毫无疑问,忽视弱势群体的需求、迎合权贵阶层的要求,与天气、市场或其他任何人类无法掌控的抽象事物无关,它不过是政治领导人做出的选择。

过去几十年里,美国人面临一系列错误的抉择,它们却被决策者奉为真理,其中最持久的一条或许就是:经济体越公平,效率越低下。此话无据可依。为那些运气不佳的人创造机会,如同为未来投资,乃明智之举。**真正导致经济效率低下的,大多是那些向富人利益倾斜的决策。**

在"大衰退"结束后不久,明显可以看出,正是决策者对弱势群体的忽视将他们重重地推向经济困难甚至破产的境地——这些人没有医疗保险、小孩忍饥挨饿、流离失所,甚至陷入极端贫困和破产。

很遗憾，在美国经济深陷危机之时，决策者才开始分析这些错误的政策、绘制新的经济路线。官方宣布"大衰退"于2009年中期结束，如今经济复苏疲软，甚至（在本书写作之时）减缓。2008年年末到2009年年初，经济猛跌不止，一时间，为通过耗资巨大的法规、使经济之舟驶入正轨开辟了政治空间，其中最引人注目的是颁布《美国经济复苏与再投资法案》（American Recovery and Reinvestment Act）。可时运不济，随着那些不顾及美国工薪阶层利益的传统观点再次回归，这一政治空间正被快速挤压。

要使美国经济回到"大衰退"前的状况，还有很多工作要做，即使这种状况仍远不够理想。但若仅仅满足于恢复到2007年有缺陷的经济状态，将辜负美国的工薪家庭。在21世纪头十年经济扩张时期，美国经济也没有给大多数家庭带来公平。经济其实能够也应该运行得更好。

本书旨在为读者提供真实情况，客观评价当前的经济决策，希望收到更好的成效，确保经济从"大衰退"中强劲复苏，为未来的增长打下更加坚实的基础，使千千万万美国人受益。

经济决策至关重要。当前美国工薪阶层岌岌可危的境况并非偶然，它是过去三十年政策抉择带来的必然结果。现当前美国工薪阶层岌岌可危的境况并非偶然，它是过去三十年政策抉择带来的必然结果。

状的拥趸告诉美国人，决策者没有其他选择，残酷无情的经济逻辑要求经济的运转与过去二十五年一模一样——此言差矣。经济结构是有意设计的，最终导致"大衰退"前经济成效低于标准、房产泡沫转变为经济灾难。确切地说，这么设计是为了保证权贵阶层攫取整体经济增长带来的大部分收益。从这一点看，它的目的达到了。

虽然**经济结构的设计是为了确保富人在未来的经济增长中分得最大的一杯羹**，决策者却把它宣传成是为保证所有人享有更高效的经济体，因此尽管富人拿走了大部分份额，人人都把生活水平提高看作经济增长加速。这种宣传策略到头来和大多数营销活动一样——根本不可信！

因此，需要特意设计新的经济政策，优先考虑提高大多数人的生活水平，而不是少数。长期以来，决策者告诉美国民众，调整现行的经济设计无异于杀鸡取卵。在"大衰退"刚结束的那段时间，这种说教的虚伪性比以往任何时候都昭然若揭。其实在"大衰退"发生前三十年的大多数时候，应该可以看出美国经济决策是失败的。**大多数家庭的收入增长赶不上经济的整体增速，最上层人士的收入却逐渐增长到之前无法想象的水平**。要想提高生活水准，多数家庭只能减少储蓄、增加债务。最好把每况愈下的经济定义为：单靠收入的增加，大多数家庭生活水平的增速不及总人口生活水平的平均增速。长期以来，我们对经济的评定太过宽泛——只看是否出现经济增长，而不顾特定历史背景下增速如何、受益面是否广泛。

这一次，美国人的敬业和律己掩盖了决策者对经济的错误管理和经济的不公平运转，预先阻止了危机的全面爆发。他们卖力工作、延长工时、大量举债、承受金融风险，以此应对时薪增速的彻底放缓。美国人减缓冲击的这些做法最终在2007年年末被彻底击垮，**金融精英的愚蠢和贪婪使美国经济变得不堪一击。**

"大衰退"的诱因：
房产泡沫引发就业危机

按照官方说法，始于2001年11月的经济扩张于2007年12月正式终止；2009年6月，"大衰退"宣告结束。这成为自第二次世界大战以来，影响美国时间最长的经济衰退。本章将详细分析"大衰退"对美国经济造成的伤害，以及至今还未能使经济恢复的措施。

房屋止赎的增加，充其量只是导火线；**真正引发随后的经济灾难的，是过去十年里蹩脚的经济决策和管理**。对美国的工薪阶层而言，无论从哪个方面看，2001年到2007年的经济扩张都可以归入有史以来最微弱的行列。国内生产总值（GDP）、劳工的工资和福利、投资以及就业的增长，都是自第二次世界大战之后的每一次经济扩张中，最不如人意的。2000—2007年间，美国典型家庭的收入增长低于0.5%——仅仅是历史上倒数第二的经济周期增速的约十分之一。从美国工薪家庭的角度看，21世纪头十年的经济扩张，实质上是美国经济增长的十年迷失期。

这并不是必然的结果。政策制定者在企业、富人和对外战争方面不成比例地缩减税收，白白投入大量财力。党派政治还通过增加处方药补助金，来提高老年医疗保险（Medicare）的覆盖面——必须和制药公司与其他企业捆绑，其实就是赤裸裸地向其提供财政援助。如果能拨出其中一小部分财力，用于目标明确的市场干预，来刺激就业市场，那么这十年来支撑生活水准的将不再是债务，而是工资增长。

当然，过快的工资增长会对21世纪头十年超越发展趋势的唯一经济指标——企业利润的增长，构成威胁。在战后的十次经济扩张中，21世纪头十年企业利润的增速名列第四。这些利润是由金融部门主导的，其所占企业利润份额创历史新高。金融部门所取得的这些利润，主要得益于不断增长的房贷收益——2001年股市泡沫破裂后，房产泡沫取而代之，从美国工薪家庭的角度看，21世纪头十年的经济扩张，实质上是美国经济增长的十年迷失期。

导致房价暴涨。过去几十年皆随正常通胀率增长的房价，却从1997年到2006年翻了几乎一倍。

房产价格的飞涨，除推动金融业盈利增长外，也使美国家庭有机会以房产净值作抵押向银行贷款，从而提高生活水平。而更多行业之前依靠诸如增加就业机会和工资等的办法，无法给美国人的生活水平带来如此快的提高。

美国家庭也的确这么做了——在房产泡沫顶峰，美国人可支配个人收入总和的8%左右源自房产。总而言之，由于就业市场增长乏力，美国人是在利用房产泡沫，来实现那本该由就业市场所带来的8%的增长。

然而，当房产价格停止上涨，就没有可供利用的资产净值了。依赖债务增长，而不是工资增长来提升生活水平，这种做法的劣势愈发明显。

上千万的房屋以抵押贷款形式售出，尤其在随后的两三年中增幅明显，最终导致人们负担不起其高昂的价格，不得不寻求再融资。但是，再融资只有当房产价格上升使得房产净值增加的情况下，才能实现。由于房产价格停止上涨，曾经如火如荼的抵押游戏搁浅了，上千万人都陷入了既负担不起又无法再融资的抵押贷款困境。房产价格的上涨可以带来大量财富，刺激经济活动；相反，房产价格的下降也会卷走大量财富，把经济拖入停滞。

房产市场在高峰与低谷之间的波动，可能会让大约8万亿美元烟消云散。眼看着财富逐渐消失，美国家庭只能大幅度地减少消费——消费开支大约减少了6000亿美元。泡沫期间，家庭住宅（以及办公房产）的过度建设，意味着这一行业每年也缩减了6000亿美元。

企业在硬件和软件设施上的投资，也随着消费者的减少以及现有工厂和办公室的闲置而停滞。在金融危机最严重时期，企业在维持现金和信贷流动方面遇到了困难，面临难以维持正常运转的威胁。

21世纪头十年，美国经济依赖于房产泡沫，现在看来这显然不是长远之计，当时亦被很多人诟病。但我们的社会能否以此为鉴，在未来做出正确的抉择，却不得而知。很多人试图说明，问题的根源是美国人的某种道德缺陷——他们不是一步一个脚印地挣钱来提高生活品质，而是急功近利抄捷径，这种不负责任的做法必然导致灾难性后果。

上述观点应该被彻底否决。难道在房产不久以后会贬值的情况下，美国家庭还背负大量债务买房是明智的做法吗？当然不是。而随着形势逐渐明朗，制定经济政策的精英或是那些喋喋不休的阶层，可有给出善意的提醒？恰恰相反，

经济大佬们对房产泡沫的警告置若罔闻，甚至冷嘲热讽——精英中的精英、颇具影响力的美联储前主席艾伦·格林斯潘（Alan Greenspan）竟在2004年建议为潜在的购房者提供更多利率浮动较大的贷款，使他们买得起更贵的房子。此外，认为如今的美国人远不如其先辈有耐心的观点有悖事实。现今美国典型家庭收入及生活水平的增速（纵然有房产泡沫的推动）仅是他们的父母及祖父母时期的零头。

21世纪头十年的经济形势给我们的启示是：这与美国人的典型"品性"没多少关系；与经济管理，确切地说，谁将享受经济成果的决策，有着莫大的联系。金融部门提出希望放松监管，以提供更高风险的贷款时，监管者让步了，由此引发了灾难性的房产泡沫。这一决策所影响的不仅仅是金融部门。国外廉价贷款的大量涌入，使金融部门获益的同时，也导致美元大大升值，美国制造业前景黯淡；制造企业和工人呼吁遏制外资流入，却终究敌不过决策者对外国贷款的欲望。当2001年的经济衰退迎来了史上历时最长的失业型复苏，政府没有将资金投入对安全网和基础设施的建设，而这恰恰是刺激就业市场、快速抑制失业的良策；相反，**政府的减税措施使富人大大受益**。决策者又一次做出了给经济带来严重后果的选择。

第二章 经济"大衰退":带来的危害与揭露的腐朽

现今美国典型家庭收入及生活水平的增速(纵然有房产泡沫的推动)仅是他们的父母及祖父母时期的零头。

总之，2001—2007年的经济扩张无力，是建立在不稳定的房产泡沫之上的，而决策者选择了让这一泡沫膨胀到灾难性的程度。由此引发的"大衰退"十分清楚地告诉我们：经济后果从来都不是注定的。我们的**领导人没有做出有利于美国民众的强硬选择，转而站在了权富阶层一边**。这一抉择，把经济推入了火坑。

展望未来，我们需要时刻记住做出正确选择的重要性。本章的余下部分将详细描述"大衰退"带来的危害。接下来的几章将会向各位展示，过去三十年里经济管理不当才会导致经济经受不起打击，引发了"大衰退"。

"大衰退"余波：就业市场

目前，"大衰退"造成了大量的失业。而人们不知道的或许是，失业严重到什么程度。"大衰退"的另一特点是，在此之前还发生了两次经济衰退，与第二次世界大战后的经济复苏水准相比，这两次经济衰退在就业上的恢复显得无比缓慢，这令人十分不安。如果"大衰退"的复苏延续这种模式，将产生庞大的工作缺口，除非决策者能够积极采取更多推动经济快速复苏的措施，那么要使就业率恢复到"大衰退"前的水平，很有可能要花上十年甚至更多的时间。

虽然从许多方面看来，"大衰退"都是一场浩劫，波及面广，对各个种族和社会经济群体都造成了不利影响，但仍延续着一贯的模式：**那些最弱势甚至在经济衰退前处境就最为不利的群体，受到的伤害是最大的**。例如，非裔美国人的失业率增速比白人快了50%，而在2007年到2009年间，典型非裔美国家庭的收入比白人家庭减少得更多。

编者按：

根据本书结稿后的美国劳工统计局数据，2010年以后，美国的失业率迅速下降，2010年为9.6%，2011年为8.9%，2012年为8.1%，2013年为7.4%，到2014年1月，已降至为6.6%。这么好的表现，大大出乎当时众多美国经济学家（包括本书作者）的预料。

但有中国专家指出，美国失业率的降低是美联储玩的数字把戏，因为2008年以来美国的劳动力参与人口在持续减少，占适龄劳动总人口的比率在持续下降（雷思海《大对决：即将爆发的中美货币战争》239—240页）。也就是说，失业率的下降并非是由经济回升和就业改善而带来的，它只是劳动力参与人口减少的结果。从同期的美国就业率曲线（参见补图3、补图4）来看，这种观点是可信的，因为，2009年以来美国的就业率并无明显上升，走势相当平稳，持续保持在较低的水平上，这表明2009年以来美国失业率的降低与同期的实际就业水平没有什么相关性。

"大衰退"后工作缺口超1100万个

实际就业人数和满足劳动年龄人口增长的职位数量

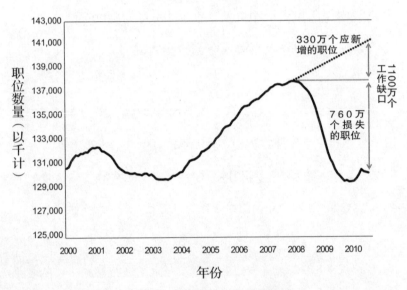

资料来源：美国经济政策研究所对美国劳工统计局数据的分析

图1：该图展示了从2000年到2010年8月的就业人数。除了"大衰退"时期损失的760万个职位，虚斜线反映了要稳定失业率，每月需再创造出超过10万个就业机会，才能满足劳动年龄人口增长的需求。因此，要使就业市场恢复到"大衰退"前的水平，需要创造1100万个就业机会——损失的760万个职位，加上330万个为职场新人准备的职位。

第二章 经济"大衰退":带来的危害与揭露的腐朽

图2

2007年的经济衰退使失业率增幅创第二次世界大战以来的新高

1948—2010年,16岁及以上人口的失业率

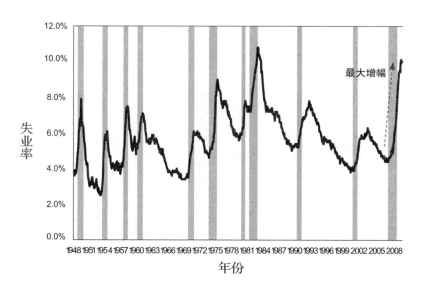

注:阴影部分表示经济衰退时期。
资料来源:美国劳工统计局"当前人口调查"(*Current Population Survey*)

图2:"大衰退"期间,失业率激增,在2009年达到了26年来的峰值。"大衰退"期间的失业率增幅创20世纪30年代"经济大萧条"以来新高。

补图1

2010年后失业率显著下降

1948—2014年，16岁及以上人口的失业率

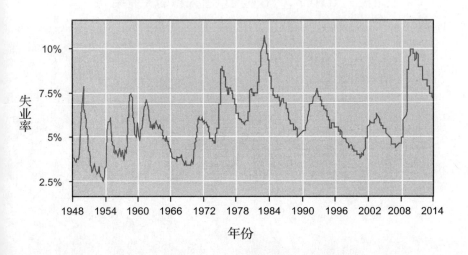

资料来源：美国劳工统计局"当前人口调查"2014年数据，参见http://data.bls.gov/timeseries/lns14000000

补图1：为反映本书结稿后的最新情况，编者补充了与图2同样来源的数据图（以下所有补图及相应解释，均为编者所加），从中可见，作者当时对美国失业率走势的估计比较悲观，后来发生的实际情况要好得多。

补图2

"大衰退"中陡峭攀升的失业率迅速下降

2007—2014年,16岁及以上人口的失业率

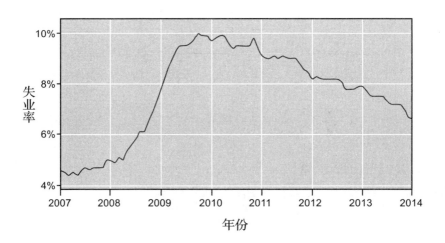

资料来源:美国劳工统计局"当前人口调查"2014年数据,参见http://data.bls.gov/timeseries/lns14000000

补图2:仅看2007年以来的失业率走势,可以更清楚地看出美国经济惨烈的"大衰退"和逐渐复苏的情况。单从失业率来看,美国经济复苏迅速且成效显著,但跟"大衰退"前的良好状况相比仍有不小的差距。

补图 3

2010年以来就业率没有上升反而持续走低

1948—2014年，16岁及以上人口的就业率

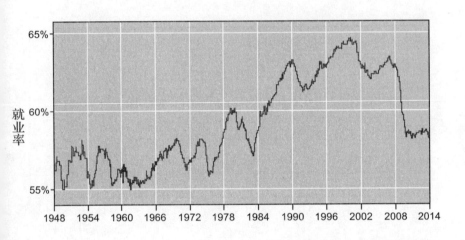

年份

资料来源：美国劳工统计局"当前人口调查"2014年数据，参见http://data.bls.gov/timeseries/lns14000000

补图3：换一个角度，如果从就业率来看美国经济，则作者当时对美国经济走势的悲观估计便有了证据支撑："大衰退"之后，尽管美联储出台了一系列应对政策，但从就业率来看，美国经济状况却一直在下滑的态势中，并无"复苏"迹象。

补图4

2010年以来就业率在低位上基本没有变化

2007－2014年，16岁及以上人口的就业率

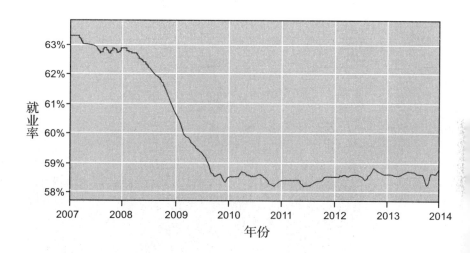

资料来源：美国劳工统计局"当前人口调查"2014年数据，参见http://data.bls.gov/timeseries/lns14000000

补图4：仅看2007年以来的就业率走势，可以更清楚地看出作者的判断是有道理的："大衰退"之后美国的就业率总的趋势是下降的，即便从2010年起就业率没再继续下降，却也只是保持在低水平线上，没有明显的回升迹象。这与2010年以来美国失业率的明显降低，形成有趣的对照。美国政府显然是选择性地只向公众强调失业率的变化，而回避了就业率数据。

图3

对就业市场不景气更全面的衡量

1994—2010年，不充分就业人数（包括失业、因经济原因兼职、准待业人口）

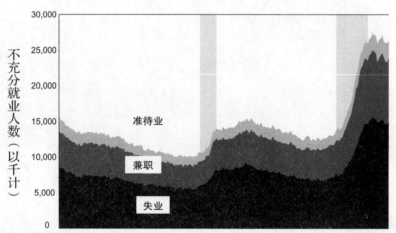

注：阴影部分表示经济衰退时期。
资料来源：美国劳工统计局"当前人口调查"

图3：单是失业率不能展示出就业市场困境的重要方面。除了导致工作荒，"大衰退"还造成大量想全职工作的人只能找到兼职的工作，没有工作但有意愿和能力工作的人因为没有积极找工作而没被正式归为失业。总之，不充分就业率和失业率是同步上升的。

第二章 经济"大衰退":带来的危害与揭露的腐朽

补图5

2010年以来失业人数略低于历史水平

1994－2014年,16岁及以上失业人数月度净变量

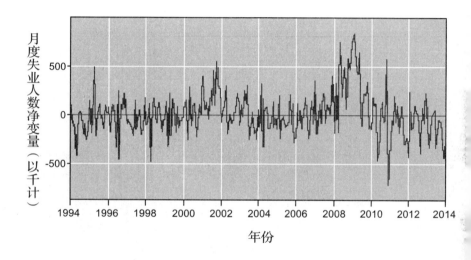

资料来源:美国劳工统计局2014年最新失业人口数据
参见http://data.bls.gov/timeseries/lns13000000? output_view=net_1mth

补图5:再从失业人数来看,失业人数变化走势与失业率变化走势基本吻合,失业人数一直在减少,且速度较快,2009年之后的总体状况已经好过历史水平。

补图6

"大衰退"后的失业人数从2009年开始一直在下降

2007—2014年，16岁及以上失业人数月度净变量

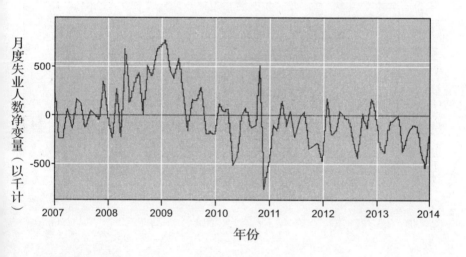

资料来源：美国劳工统计局2014年最新失业人口数据
参见http://data.bls.gov/timeseries/LNS13000000?output_view=net_1mth

补图6：从2007年以来的失业人数情况看，美国对失业数据控制得很好，从而制造了"好看的报表"。但实际情况则如作者所说，为数众多的"半失业"人口，如想全职工作而只找到兼职工作的人、想找工作却没好好去找的人，都没有被算进失业人数当中。

第二章 经济"大衰退":带来的危害与揭露的腐朽

图4

无法满足的就业需求

求职者比率(每个职位空缺对应的失业人数)

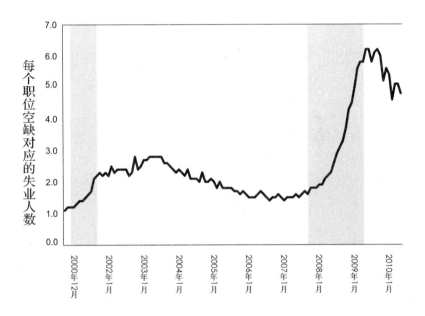

注:阴影部分表示经济衰退时期。
资料来源:美国经济政策研究所对美国劳工统计局数据的分析

图4:找到一份工作为何如此艰难?因为在2010年8月,每个职位空缺对应大约5名失业者。说得清楚些——这里指的是失业者,而不是申请者。由于每名失业者都可能发出多份申请,每个职位空缺很可能会有数十名申请者。

图5

失业越来越多，持续越来越久

四次经济衰退的失业情况索引

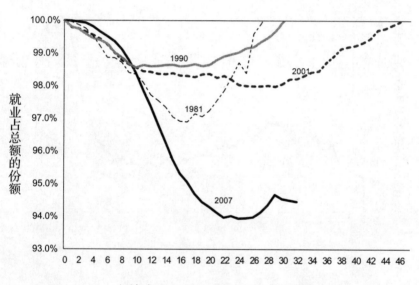

资料来源：美国经济政策研究所对美国劳工统计局数据的分析

图5："大衰退"期间的失业规模超过了前三次经济衰退时期。

第二章 经济"大衰退":带来的危害与揭露的腐朽

图6

经济恢复的前景如何?

实现经济复苏的三条可能路径:分别以20世纪80年代、20世纪90年代和21世纪头十年的经济复苏为范本

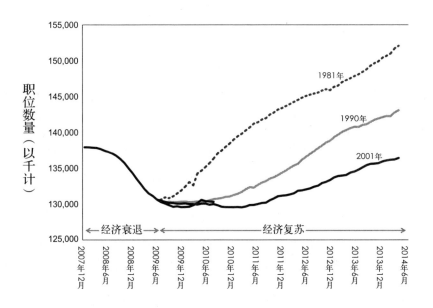

资料来源:作者对美国劳工统计局数据的分析

图6:如同之前的两次经济衰退,当前经济衰退的特征是就业市场恢复极其缓慢。如果创造就业的速度仍与20世纪90年代初期和21世纪头几年经济复苏时一样,那么由于此次"大衰退"的失业规模较之前大得多,我们有可能要到下一个十年才能完全恢复就业。

对某些人而言，失业危机总是存在的

1972—2010年，不同种族的失业率

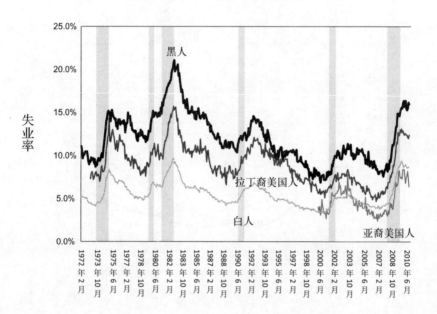

资料来源：作者对美国劳工统计局数据的分析

图7："大衰退"时期，在整体失业率超过8.5%的州，自动启动全额（持续53周）"紧急"失业救助金。从1979年开始的369个月里，非裔美国人的失业率只有45个月（大约12%）的时间里是低于8.5%的。

"大衰退"时期不平等的收入损失负担

2007－2008年和2008－2009年，不同种族和民族的中等家庭实际收入变化

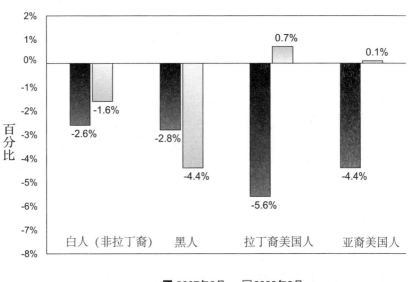

资料来源：作者对美国人口普查局数据的分析

图8：自"大衰退"开始以来，中等非裔美国家庭收入下降的百分比大约是白人家庭的两倍。

"大衰退"余波：衡量经济安全的更宽泛指标——贫困率、医疗保险和财产净值

失业危机导致经济的不稳定，并使之加剧。人们没了工作、工时较少、谈判权削弱……种种问题导致生活贫困和没有医疗保险的人口数量激增。家庭收入的减少也意味着美国典型家庭过去十年积聚的存款如今却大幅减少。这一切使得美国工薪家庭的经济生活变得更加不安全。

正是经济扩张乏力削弱了经济安全。在此期间，几乎没有任何领域产生持久的收益。（21世纪头十年，美国典型家庭资产净值的增加主要得益于房产泡沫，而这样的时代已一去不复返了。）贫困率和雇主不提供医疗保险的份额其实在之前的经济扩张期间便已上升，家庭收入平平。上述衡量指标表明，对许多美国人而言，这似乎是经济增长的十年迷失期。**"大衰退"十有八九将使工薪家庭在接下来的十年停滞不前。**

图9

"大衰退"带来的另一危害——贫困率攀升

五次经济衰退*中,从经济周期波峰到贫困峰值期间,劳动年龄人口贫困率增长的百分点

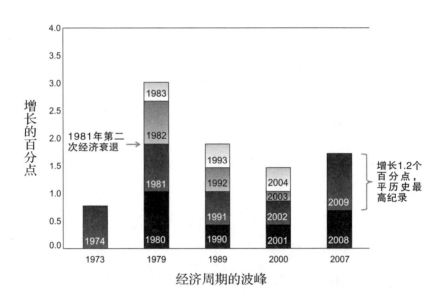

*图中柱状标识显示从经济周期波峰到贫困峰值期间贫困率的总增幅,以及出现贫困增长的年份。此次经济衰退导致的贫困率上升预计可持续到2011年。贫困率最大的一次增幅出现在1979—1983年,其间经历了两次经济衰退,分别发生在1980年和1981年。

资料来源:美国经济政策研究所对美国人口普查局数据的分析

图9:果如所料,贫困率随就业市场的恶化而上升。"大衰退"开始后,劳动年龄人口的贫穷率增幅平历史最高纪录。

图10

医疗保险覆盖率下滑速度由慢到快

2000–2010年，65岁以下人口的医疗保险覆盖率

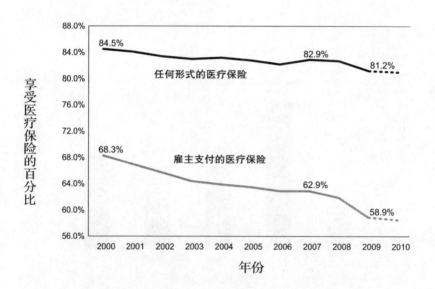

注：虚线代表经济政策研究所对2010年医疗保险覆盖率的预测。

资料来源：作者对"当前人口调查"——社会经济年度附录（*Annual Social and Economic Supplement*）的分析

图10：即使是在21世纪头十年经济扩张乏力的时候，雇主支付医疗保险的比例也在走下坡路。大滑坡出现在2009年。公共保险扩张是部分原因，而就业提供的保险覆盖率下降则是最大的原因。

图11

家庭财富减少

2001－2009年，不同种族的家庭平均净值

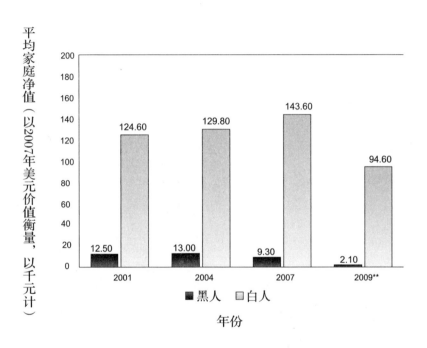

注：净值指总资产减去总负债。

**2009年的数据根据美联储"资金流动"（*Flow of Funds*）数据中的资产变化估算得来。

资料来源：美国经济政策研究所对"消费者财务状况调查"（*Survey of Consumer Finances*）数据的分析

图11：房产泡沫的破灭使美国家庭的财产净值大跌。

第三章

应对"大衰退",采取了哪些措施,它们奏效了吗?

"大衰退"正式开始是在2008年的1月份,然而通常为应对经济衰退首先采取的措施——下调由美联储控制的短期利率——实际上在此之前就开始实施了。房产泡沫破裂最先波及的是金融部门,所以美联储(对银行和金融机构的需求特别敏感)早在几个月前就开始大张旗鼓地削减利率了。

削减利率背后的基本原理是,低廉的债务可以刺激家庭购置更多的房产和耐用品(如汽车)等需要融资的商品,同时也能刺激企业通过贷款来扩大对厂房和设备的投资。

然而，房产价格下跌意味着，即使削减利率也不足以说服家庭购买房产，这就使美联储刺激经济的一个重要手段宣告无效。更糟糕的是，下调短期利率是有限度的——它们无法降到负值。谁愿意花钱让银行替他们保管财富却毫无收益？那还不如买个保险箱来得省事。下调利率在一开始就遇到了这一限制，经济则持续恶化。

2008年年末，失业率以一种可怕的速度增加。在2008年11月、12月，以及2009年1月，也就是美国总统巴拉克·奥巴马（Barack Obama）竞选和宣誓就职这段时间，有超过200万人失业。持续恶化的危机催生了《美国复苏与再投资法案》，简称《复苏法案》。自通过之日起，《复苏法案》就一直是争论的焦点。

实际上，《复苏法案》遵循基本的经济理论，只不过不是大众能够直观理解的那种。由于家庭和企业减少支出并通过加班来抵偿它们高筑的债台，唯一能够稳定失业率的办法就是，公共部门通过增加债务并将其用于安全网建设、投资或减税，来填补这一空缺。通过增加公共债务来缓和私人债务减少对经济带来的冲击，这种方法听起来似乎很不靠谱，实则非也。在私营部门有能力偿付相当数量的债务、扩大支出之前，这是抑制失业率攀升的唯一方法。

"大衰退"的动态

房产泡沫破灭带来的具体问题有：（1）财富减少导致家庭紧缩开支；（2）过度建设之后，房地产商大幅裁员；（3）由于（1）和（2）的问题，未来消费者减少，企业也会随之削减对厂房和设备的投资。这一切使得对商品和服务的需求逐渐减少，也就意味着对劳动力的需求同步减少，最终导致失业率急剧上升。

为了确保需求不会持续走低、失业率不会持续上升，我们需要找到替代方法，来弥补房产泡沫破灭导致的消费者和企业支出锐减。

理论上，增加出口本可以解决这个问题，但是由于美国经济体非常庞大，实际上我们生产和消费的东西大部分还是国内制造的，而"大衰退"已经扩散到全球，国外消费者的数量不足以使我们单靠出口走出经济萧条的困境。这样在对抗经济萧条的列表上就划掉了三条措施，即依靠消费者、企业、出口来增强购买力。最后只能依靠公共资金来解决问题。既然我们不想因为增加税收（增税会使个人可支配收入减少，这恰与我们的需要背道而驰）而使公共购买力带来的需求增长受到抑制，那么只能选择用债务为公共支出埋单。

公共资金的投入应有的放矢：**应该对那些最有可能快速花钱的人实施减税和政府转移支付**——购买失业保险、提供食物券、支付社保、提供低收入家庭医疗补助（Medicaid）和老年医疗保险——政府直接支出应该花在既能在短期内创造就业，又能长期创造经济价值的项目上。然而，事实表明，在终止经济衰退的问题上，连美联储的一贯手段都不奏效了，最终起作用的是公共部门逆势而上、增加公共开支来应对个人支出减少的做法。

很明显，这个方法奏效了。高盛集团（Goldman Sachs）的宏观经济研究人员指出，房产泡沫破裂对私营部门支出带来的冲击实际上比导致20世纪30年代"经济大萧条"的冲击还要大。然而，因为收入减少导致税收减少，同时收入减少和失业人数增加自然会令政府加大对诸如失业保险、食物券和低收入家庭医疗补助等安全网项目的投入，从而导致联邦预算赤字仅机械增长就达约4300亿美元。自动的税收减少和政府转移支付使家庭可支配收入维持在一定水平，强有力地缓冲了房产泡沫破裂带来的危害。

在《复苏法案》通过前就出现的预算赤字增加，基本上没有受到任何专业经济学家的诟病；在2008年1月至2009年2月期间，几乎也没有人提出应该推行抑制预算赤字增加的政策——事实表明，增加预算赤字能够缓冲私营部门支出锐减对经济带来的冲击。

决策者意识到，仅仅靠赤字的机械增长，就算加上美联储下调利率的措施，也不足以应对经济萧条，于是《复苏法案》应运而生，旨在更大限度地缓冲经济受到的冲击。尽管它和自动调节机制基于同样的经济原理，但由于拥有明确的政治支持者（奥巴马政府），《复苏法案》一时招来各种非议。

《复苏法案》的争议：它包含了什么？

围绕《复苏法案》的争议之一是法案的构成，许多人指责其过度注重通过减税来扩大支出，反倒无法刺激经济。其实，《复苏法案》对政府直接支出的拨款还不到15%。三分之一强的拨款用于支持减税，剩下的则用于对个人和各州的转移支付。

大部分宏观经济研究显示，与通过增加债务为减税埋单相比，政府直接支出是刺激生产和就业的更加有效的方法。这样一来，单是错误也罢，上述指责实在是一大讽刺。更加讽刺的是，很多《复苏法案》的批评者都倾向于对企业减税——这无疑是法案里刺激经济效果最弱的措施。减税（尤其是不针对低收入家庭的减税）不能有效地带动就业，因为低收入家庭更倾向于储蓄而非消费，此外，对企业而言减税是意外之财（甚至时常起反作用），即使没有出台《复苏法案》，也会实施减税的优惠政策（或者说其实已经实施了这一政策）。

图12

《复苏法案》包含了什么？

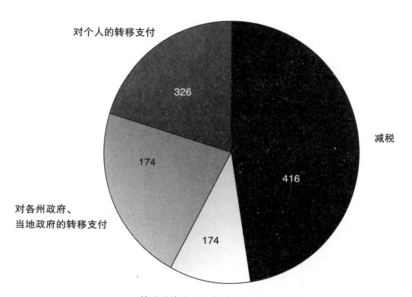

资料来源：经济学家布林德（Blinder）、赞迪（Zandi）（2010）

图12：与大多数人的印象相反，减税是《复苏法案》中所占份额最大的一个单独部分，基础设施建设支出不到总额的15%。

另一方面，安全网计划（例如失业保险、营养援助和医疗保险）本身有很强的针对性：给收入低于纳税起点或近期失业的家庭以经济补助。因此，受益者很可能把这些钱用于支出——他们必须这么做。为了确保公共债务的增长部分全部用于支出，基础设施建设是最好的选择——所有的钱都能花光，也必须花光。

实质上，如果国会在《复苏法案》中包含更多对高收入家庭和企业的减税措施，法案的效用就会大打折扣。对《复苏法案》的另一个批评就是它不奏效，而这两种指责（"越减税，越奏效"）竟是由同一个评论家广泛散布的，中间间隔不过几句话，简直是令人啼笑皆非。

《复苏法案》的争议：它到底奏效吗？

围绕《复苏法案》的争议大多数关注的是：它是否有助于稳定经济生产，创造或者保住工作机会？

那些认为《复苏法案》毫无作用的人用了一个巧妙的辩论技巧，那就是提到奥巴马政府曾预测（后来承认预测错误）如果《复苏法案》通不过，失业率将上升到约9%；如果《复苏法案》通过了，失业率将低于8%。在《复苏法案》通过后，当失业率峰值达到10.1%时，许多批评者死死抓住这个把柄,甚至声称《复苏法案》使情况变得更糟。

这种说法的问题在于,它没有考虑到《复苏法案》本身并没有失败,失败的是(奥巴马政府内部及外部的)经济家们关于房产泡沫破裂将给经济带来多大危害的凭空预测。总之,经济体实施《复苏法案》与否的差别正如宣传的那样:如果《复苏法案》没能通过,将减少三万至四万个就业机会。

图13

最有效的刺激方式是什么?

"收益最大化"的倍数*

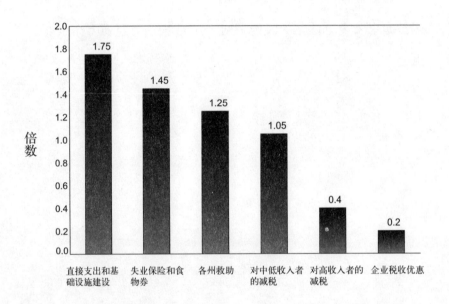

*倍数用于测量赤字每增加1美元,经济活动所增长的总额。

资料来源:美国国会预算办公室数据

图13:经济预测专家一致认为,政府直接支出和安全网保障资助是刺激经济最有效的措施,而对富人和企业减税效果最差。

图14

实际国内生产总值、消费开支和就业的季度变化

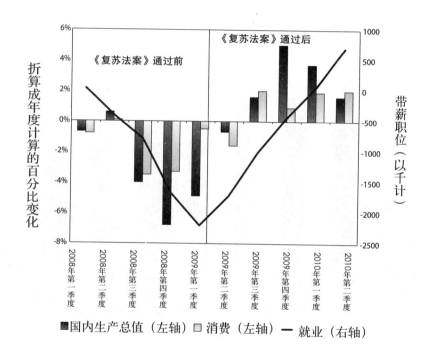

资料来源：美国经济政策研究所对美国劳工统计局和美国经济分析局数据的分析

图14：2009年第二季度，《复苏法案》中涉及的支出开始兑现，国内生产总值、消费开支和整体就业增幅明显。

图15

2010年第二季度前,《复苏法案》对国内生产总值的贡献

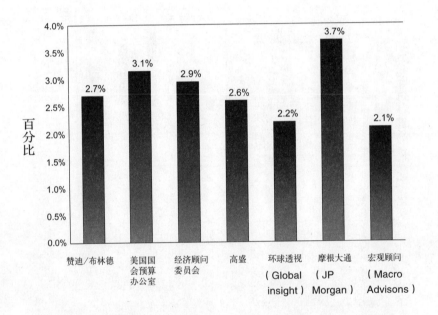

资料来源:美国经济政策研究所对美国劳工统计局和美国经济分析局数据的分析

图15:经济的季度走向如何?是什么给经济带来了改变?受雇对上述问题进行研究的人员一致认为,《复苏法案》给经济带来了显著增长。

图16

2010年第二季度前,《复苏法案》对就业的贡献

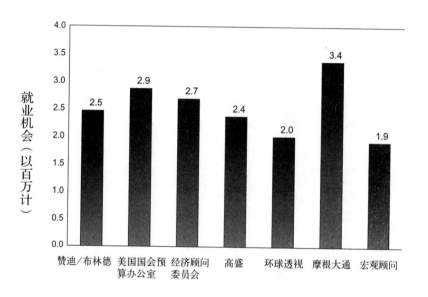

资料来源:美国经济政策研究所对美国劳工统计局和美国经济分析局数据的分析

图16:《复苏法案》促进经济增长,从而提供了更多的工作机会。数百万人因《复苏法案》找到工作。

图17

2010年第二季度前,《复苏法案》使失业率下降的百分点

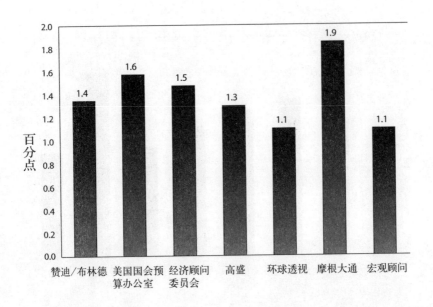

资料来源:美国经济政策研究所对美国劳工统计局和美国经济分析局数据的分析

图17:《复苏法案》创造了工作机会,于是失业率不再像以往一样快速上升。

然而，经济的潜在走势比大多数的预测要糟糕得多。如果没有实施《复苏法案》，失业率将逼近20%，而不是奥巴马政府预测的9%。

对于这一争议，可以打个很生动的比方：寒冷冬夜里小木屋的温度。假设天气预报预测气温是-1℃，为了保暖，你决定在壁炉里烧三块木柴。通过数学和化学方法计算得出，烧三块木柴产生的热能足以使室内温度升到10℃，也就是比环境温度高出11℃。

但是天气预报出错了，室外温度骤降到-12℃，那么烧三块木柴只能使室内温度达到-1℃。这样的话，能否说通过烧木柴来产生热能的策略不成功？当然不能。那么对木柴燃烧产生能效的估算是否出错了呢？也不是。计算完全正确，即烧三块木柴使室内温度比环境温度高出11℃。这个故事给我们的启示非常简单：既然天气比预测的还要冷，只需多烧点木柴就好了。

公众在讨论时经常忽略的一点是，经济需要更多而非更少的刺激——这一点是经济预测家达成的基本共识，不管是代表个人还是官方。另一共识是，《复苏法案》起到了所宣传的作用，到2010年6月，《复苏法案》创造或保住了三百万至四百万份就业机会。总之，那些以研究经济季度运转的驱动力为职业的人，对《复苏法案》创造或保住了数百万份工作机会的说法并无异议。

《复苏法案》的争议：为什么是消费者支出而非政府支出引领经济复苏？

针对《复苏法案》的另一广泛批评是，引领经济复苏的主要是消费者支出的回升，而不是联邦政府的支出，因此《复苏法案》不能作为经济复苏的源头。另一相关批评着眼于经济复苏官方网站（http://www.recovery.gov）发布的对政府直接支出的追踪报告，指出《复苏法案》创造的就业机会实际上不到一百万个。

这些批评没有真正理解《复苏法案》的组成。再次重申，《复苏法案》中最大的一笔财政开支用于支持减税和对家庭的直接转移支付，而不是政府直接支出。既然《复苏法案》中所占份额最大的一个单独部分是减税和对个人的转移支付，要说《复苏法案》奏效的话，这一部分正是其最有效的地方；从实施的具体情况来看，这一部分也的确是最起作用的。

"大衰退"时期，市场化收入（即个人收入减去转移支付）指标呈凹陷态势，下降幅度超过以往任何一次经济衰退。但是，可支配收入（即家庭实际可用于消费的收入）还是保持良好状态，而且2010年6月的数额比"大衰退"初期还要高。这都是减税和转移支付（包括自动启动部分和《复苏法案》中所包含部分）在"大衰退"时期和整个2009年做出的功劳。总之，对个人支出的支撑，是《复苏法案》中财政开支向减税和安全网建设方面严重倾斜的必然结果。

图18

纵使市场化收入暴跌，《复苏法案》仍使购买力保持坚挺

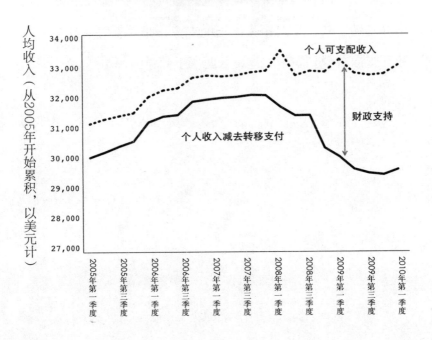

资料来源：美国经济政策研究所对美国经济分析局数据的分析

图18：与大多数人的印象相反，《复苏法案》最大的贡献在于家庭可支配收入的增加，而不是政府支出的增加。此图展示了整个"大衰退"发展进程中，在市场收入（个人收入减去转移支付）下跌的情况下，家庭可用于消费的财力（个人可支配收入）实际上保持了良好态势，这得益于《复苏法案》的减税和转移支付措施。

第四章

"大衰退"过去一年多了,"任务"完成了吗?

未免言之过早。

《复苏法案》阻止了经济的急剧下跌,但如果不采取进一步的行动来刺激就业增长,那么下一年的失业率很可能会在9.5%到10%之间徘徊,从而连续两年达到高位。失业率长期走高将进一步带来巨大危害,令美国工薪家庭产生不安全感。"大衰退"造成了失业率激增,紧接着,工资、收入、贫困和医保覆盖均朝着不正常的方向发展。若不迅速逆转局面,上述任一方面都得不到什么改善。更糟糕的是,**如果高**

失业率长期走高将进一步带来巨大危害，令美国工薪家庭产生不安全感。

失业率持续时间过长，将形成永久的创伤：终生收入将会减少；人们将陷入贫困；儿童在性格形成期会充满压力，频繁的转学不利于学习，且无法享受连续的医保。

无动于衷，而非过度监管

总之，一个有力的批评是：政策制定者迄今所做的一切并非过度，而是远远不足。尽管美联储采取的初步行动和《复苏法案》的通过，确实是事发之际的严肃应对，但显然它们都不足以把经济快速拉回正轨。然而，出于某种原因，针对"大衰退"的政策应对程度（用某些标准衡量）比之前几次经济衰退期间都要大，所以要采取更多的措施就显得很不情愿了。但"大衰退"的严峻情况远超以往任何一次经济衰退，仍用"我们的应对程度比以前要大"这样的尺度来评判就很别扭了。设想一下这样的场景，洪水正漫过堤坝，有些人认为应该填塞更多的沙袋来加高堤坝，其他人则说："这是我们建造过的最高的堤坝，不用再加高了。"哪种说法更有道理呢？

进一步说，建造"更高的堤坝"需要更加积极的财政政策作支撑，制定的汇率政策要能减少贸易赤字、防止需求走漏给外国贸易伙伴，还需要美联储打破调低短期利率的传统，转而采用更加积极的货币政策以刺激经济。这些政策组合应持续贯彻到经济复苏为止。但任何关注最近几十年经济政策的人都清楚，上述策略是对过去三十年主流理论的重大突破。当时的政治和意识形态阻碍了健全经济政策的制定，导致今日付出巨大代价。过去三十年间，曾遭到强烈质疑的许多蹩脚经济决策，似乎僵化成了经济舞台上的一个永恒部分，阻碍了经济朝有利于工薪家庭的方向发展。这些失败的决策很有可能会延续至今日——主要决策者的所作所为，似乎是在举手投降，宣布对降低9.6%的失业率无计可施。如果这种不积极寻找突破口的态度不遭到抗议，那么对极端高失业率的容忍将很快成为"新常态"。

汇率政策

显然，贸易赤字是美国经济长期存在的一大问题。原因很简单，美元在全球市场价格过高——美国出口产品对贸易伙伴而言太贵了，外国进口产品对美国消费者而言则太便宜了，这样一来，进口远远超过出口。

通常在这种情况下，市场力量会把估值过高的美元压低到一个更合适的水平。不过，这一调整正遭到我们最重要的几个贸易伙伴（尤其是中国）的阻碍。他们每年花费数千亿

第四章 "大衰退"过去一年多了,"任务"完成了吗?

过去三十年间,曾遭到强烈质疑的许多蹩脚经济决策,似乎僵化成了经济舞台上的一个永恒部分,阻碍了经济朝有利于工薪家庭的方向发展。

美元购入以美元计价的资产，导致对美元的需求增加，从而令美元升值。比我们穷得多的贸易伙伴每年借给我们几千亿美元，这种奇怪的经济关系在经济繁荣时期，其利弊并不明晰——对美国产品和服务需求的外流，在一定程度上由外汇大量流入美国带来的利率下调压力所抵消。但是如今，美国经济无法从更低的利率中得到任何推动，国内储蓄的大幅上扬能够满足所有的新增贷款需求。尽管如此，走高的美元还是不容乐观：美国出口太少，进口太多。

设法减少外国对以美元定价资产的买入、允许美元在高失业率和低利率时期贬值，将会给美国就业市场带来极具价值的刺激。然而，由于过去几十年来掌权人士对贸易的共识是：必须坚持自由贸易，或至少我们不操纵贸易（它现在正被我们的贸易伙伴积极操控着），所以这一刺激途径迟迟未被深入探究。

货币政策

利用货币政策来刺激就业进一步增长，这一美好前景因又一坚持正统的做法而变得黯淡。美联储对抗经济衰退的传统措施是下调短期利率（即银行之间相互借贷的利率和美联储直接贷款给银行的利率），这是它能够直接控制的。

美联储希望通过调低短期利率以拉动套利，导致中长期利率降低，从而促使企业贷款来建新工厂和购置新设备，以及家庭贷款来买房买车。

现今短期利率基本上达到零，但经济仍举步维艰。其实，美联储是有其他措施的。正如现任美联储主席本·伯南克（编者按：于2014年2月卸任）在之前的研究中所强调的，美联储可以购入长期债务，从而更加直接地降低长期利率——不论是针对美国政府贷款还是更为有效的私营部门贷款。这可直接降低私营部门对企业和家庭的相关借贷成本。

此外，美联储还可以公开宣布上调通胀率目标，从而变相削减私营部门的巨额过剩债务，使家庭和企业不再紧缩开支。上述措施将是对近几十年来支配美国经济的正统观念的公然违抗，但有助于刺激就业增长。压低长期贷款（尤其是私人贷款）利率，能鼓励企业和家庭在新的投资项目、房产和其他需要贷款的消费品上大胆支出。更高的通胀率可以削减家庭和企业资产负债表上的一些债务。很多人认为投资房产是明智之举，其中一个原因就是20世纪60年代晚期到20世纪80年代初期，通货膨胀使许多按揭购房者的债务迅速缩水。

财政政策

也许决策者最令人费解的不作为，就是没有采取进一步的财政政策（例如另一个《复苏法案》）来降低失业率。鉴于《复苏法案》的成功（见前面章节的论述），以及财政扩张可能带来的许多负面影响并未出现，**阻碍利用财政政策刺激经济活动的，似乎是政治本身。**

扩大联邦预算赤字给经济带来的负面影响，最常提到的一点就是，当政府与私营放贷机构竞争储蓄额，利率就会飙升，私营部门的投资将遭到"挤对"。然而，这样的担忧在家庭与私营企业都绞尽脑汁大量增加储蓄而不是继续贷款的情况下实为多余。这种情况下，不存在储蓄不足的竞争，利率也没有上行的压力。这意味着私营部门的投资没有被挤掉的危险。实际上，因为左右企业投资决策的最大因素是对销售增长的评估，**《复苏法案》通过扶持家庭购买力和为企业挽回潜在客户而投入的资金，无疑已经涌入商业投资，**否则企业投资将更加疲软。

对利率持乐观态度，是有强有力的证据支持的——现在三十年期债券的利率远远低于"大衰退"发生前，并且自《复苏法案》通过以来，利率仍在下降。显然，在增加债

第四章 "大衰退"过去一年多了,"任务"完成了吗?

也许决策者最令人费解的不作为,就是没有采取进一步的财政政策(例如另一个《复苏法案》)来降低失业率。

务方面，联邦政府的竞争者为数甚少，因此并不存在利率压力。

但是，对赤字增加的担忧（甚至是恐慌）一直是反对为经济提供更多财政支持的王牌。鉴于这样的说法没有任何经济价值，赤字恐惧也没能改变对富人减税的提案，这张王牌的持续使用似乎根植于奇怪的环城公路[①]意识——粗暴地反对通过扩大公共支出来缓解美国经济的困境。

清晰的经济，模糊的政治

我们是否可以非常肯定，对经济的支持（通过财政、汇率或货币政策）越多，失业率就会越低，就业的前景就越好？是的，确信无疑。种种关于"失业型复苏"及其成因的讨论，有一点是再清晰不过的：整体经济增长的加速可转化为失业率的下降，以前的失业型复苏不过是由于经济增速低于一般水平。

好消息是，我们知道如何刺激经济增长。最简单的方式是，只要失业率居高不下，联邦政府就要扩大支出、减少税

[①] **环城公路**（the Beltway）：美国首都华盛顿特区的环城公路，象征美国政府在观念上与外界的分割线。——译者注

收。政府还要能接受由此产生的任何程度的赤字增加，直到达到刺激经济增长的目的为止。更大的好消息是，这些财政赤字的成本现在达到了历史新低——经济衰退使贷款成本降至创纪录的低点。货币政策和汇率政策也需要类似的策略，即推行更多积极的措施，因为在经济不景气的时候，这些政策的成本是最低的。

坏消息就是，太多的政策制定者要么没有把这些经济原理融会贯通，要么就粗暴地反对打破这几十年来让特权阶层选民获益颇丰的经济策略。只有让他们坚信这些经济原理，或是明白**与更广大群体分享经济机会的政治公平性，否则经济复苏的前景将一片惨淡**。要让他们中的一些人信服，就要摈弃过去三十年来笼罩众多决策精英的一个观念：赤字无论何时何地都是坏东西，减少赤字本身就是一个永远值得追寻的政策目标。要让其他人信服，就要让他们认识到，那些没有能力资助他们竞选的民众正深陷经济困境。本书将在下一章阐明，这仅仅是过去三十年主导的经济策略中需要整改的一个要点而已。但是有一点必须清楚：如果不改变政策方针并下定决心重建焕然一新的经济，结果将一成不变。阿尔伯特·爱因斯坦（Albert Einstein）将"疯狂"定义为"不断重复同一件事却期待不一样的结果"不是没有道理的。

即使有明确证据表明它不符合大多数美国人的利益，政府依然坚持其所信奉的经济教条，这种做法对那些在过去三十年里关注美国经济的人来说，应该不足为奇。**决策者承诺要推行刺激经济增长、提高生活水平的政策，几十年来这一承诺没有在普通美国人身上兑现，却为权贵阶层带来了之前无法想象的财富。**然而，纵使这些政策没能给大部分美国家庭带来益处，政府也没有采取任何行动对其所奉行的政策进行重新评估。可悲的是，"大衰退"至今，对华盛顿传统政策的挑战依然失败。

图19

经济增长加速，失业率下降；经济增长减缓，失业率上升

1983年至今，八个季度国内生产总值增幅和失业率的变化

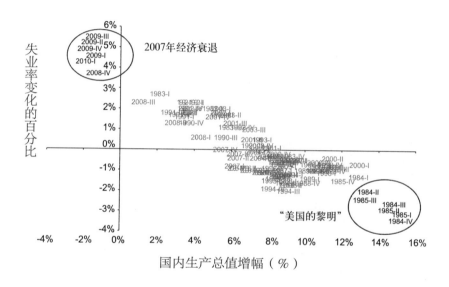

资料来源：美国经济政策研究所对美国经济分析局和美国劳工统计局数据的分析

图19：就业增长的原因并不神秘——快速的经济增长带来快速的就业增长。要想努力创造就业机会，就要刺激经济增长。失业率在1982年达到顶峰后得以迅速改善，同样也是由整体经济的快速增长拉动的。

第五章

"大衰退"揭露出的脆弱基础

正如飓风"卡特里娜"暴露出新奥尔良在自然、经济和社会基础方面的弱点一样,"大衰退"揭露了整个美国经济潜藏的弱点。

在第二次世界大战后的二十五年里,美国经济快速增长并且公平分配。当时固然存在社会和经济的不公平,但典型美国家庭的经济呈稳固增长的发展趋势。从20世纪70年代末开始,这一上升趋势随着工资增长急剧减速而趋于平缓。此后美国典型家庭生活水平的提高基本上都是以延长工时和减少储蓄为代价的。

过去三十年里特定的决策铸造了一系列重要的发展趋势：最低工资的购买力持续削弱；工会的权利急剧减少；美国经济与全球竞争者共享的份额快速增长；过去对金融部门的管理规则被废除；货币和财政政策将支持预算平衡和低通胀率凌驾于确保充分就业之上。果不其然，**这一切转变重创了美国工薪阶层的谈判权，使利益落入社会权贵阶层手中**。

最低工资的减少

1968年，通胀调整后的最低工资相当于2009年的8.54美元。接下来的近四十年里，最低工资的价值总体呈下行趋势，只是偶尔会被国会行为阻止。到了2006年，最低工资在接近十年完全没有增长后，其价值达到了创最低纪录的5.84美元。2006年后最低工资的上涨又把其价值拉回到7.25美元，但仍然与四十年前的价值相差甚远，而在这四十年里，工人的人均经济产出上升了约80%。

侵犯劳工组织工会的权利

1973年，私营企业大约四分之一的劳工隶属于工会（还有四分之一强的人签署了工会协议）。到了2007年，这一比近四十年里，最低工资的价值总体呈下行趋势，只是偶尔会被国会行为阻止。

例下降了三分之二，为7.5%。比例降低的一部分原因可以归结为经济的变化，尤其是随着整体经济的共享，工会成员众多的制造业出现了萎缩；大部分原因则是雇主对工会的打击增强。从私营部门的工会组织减少而公共部门的工会组织急剧增多的对比中，就可以看出这一点。公共雇主通常禁止像私营雇主一样大肆打击工人成立工会组织的意愿。在这样更加中立的环境下，近几十年来，公共部门的工会组织在增多。大量研究表明，美国劳工加入工会的愿望一如既往地强烈（或者更甚），但是雇主不会让这一意愿转化为工会成员的增加。

美国工人的全球一体化和精英阶层的与世隔绝

私营部门，尤其是制造业的工会组织减少，一个重要因素就是，美国经济对全球竞争的开放程度越来越高。美国工人被外来劳务逐渐取代的可能性已经让这些工人失去了谈判权，也直接阻碍了工资的增长和工会组织的设立。虽然技术的发展和外国政府的决策促进了全球化的兴起，美国经济精英的共识一直是，要适应和加速美国与全球经济体的一体化，或者至少要整合就业市场，这样美国工人就必须与全球大量研究表明,美国劳工加入工会的愿望一如既往地强烈(或者更甚),但是雇主不会让这一意愿转化为工会成员的增加。

的其他工人竞争。不出所料，由此带来的后果是这些美国工人的工资被拉低。相反，那些免受全球化竞争负面影响的劳工和资本家，则迎来了收入的飙升。

金融的崛起

过去三十年里收入激增的人群大部分都在金融部门工作，这一领域在经济中所占份额（以薪酬和利润计算）大大增加。然而金融部门的核心作用——提供流动性和风险管理来减缓其他部门在资产和设备上的投资压力，在这三十年里却没有得到更有效的发挥。

20世纪30年代经济"大萧条"期间，金融业因缺乏监管而崩溃，进而拉垮其他经济领域，此后政府加强对金融部门的监管以防重蹈覆辙。这些监管措施效果显著，"大萧条"后的几十年里，美国大规模的金融危机极少发生，更不可能拉垮整个经济。然而，从20世纪70年代末开始，这些监管措施不断地受到抨击。到了21世纪的头几年，当时的美联储主席艾伦·格林斯潘表示，他认为金融部门的"自身利益"足以确保其稳定性。在2008年的一篇文章中，他甚至担心"作为全球金融基本平衡机制的金融部门自我调节"将成为金融危机的"受害者"。对金融部门监管条例的全盘废除使这一领域的收益大幅增加，但事后表明，这是一场高风险的赌注，短期收益巨大，随后就破灭了。显然，这些监管条例的废除对更广泛的经济领域而言不是件好事。

全球化遇上缺乏监管的金融部门，意味着即便是国际贷款也几乎完全不受监管。当美国的许多重要贸易伙伴（尤其是中国）开始购入数万亿以美元计价的资产时，政策制定者就应该明白如何抉择了。但他们选择将金融部门的短期效益凌驾于制造业的短期效益以及整体经济的长期健康发展之上。

国外对以美元计价债务的购买为美国金融企业提供了廉价的资金，他们又可以将这些钱以高价借出。但由此引起的美元大幅升值，对美国的制造业和生产工人造成巨大冲击。美元升值导致美国出口产品在全球市场上的价格偏高，而国外进口产品对美国消费者而言则自动变得便宜。贸易赤字由此产生，美国制造业的工作机会也大量流失。除了贸易逆差，外国借贷还使房产泡沫进一步膨胀，这显然不是长久之计。那么，制定经济政策的精英们是否叫停过这种破坏性模式的国际贷款呢？没有！恰恰相反，他们编造种种理由解释着美国并没有房产泡沫，由外国贷款导致的贸易赤字没什么大问题，美国的制造业无论如何是注定要衰败的。

将金融业的利益置于工人的利益之上,这一政策取向在过去三十年美联储中心任务的重新定义中亦能看出端倪。

放弃以充分就业为目标

将金融业的利益置于工人的利益之上,这一政策取向在过去三十年美联储中心任务的重新定义中亦能看出端倪。美联储的职责已经缩小到实现极低的通货膨胀率,而不是奉行能够促进美国劳动力充分就业的政策。20世纪70年代的通货膨胀令债权人的收益贬值,尽管1978年颁布的《汉弗莱-霍金斯法案》(*Humphrey-Hawkins Act of 1978*)(现已到期失效)要求以"充分就业"作为制定经济政策的目标,此后美联储仍一而再、再而三地以抵抗通货膨胀(不管是真实的还是假想的)的名义牺牲充分就业。

政策没有强调降低失业率的重要性,而中低收入工人的谈判权受失业率影响最大,他们成了最大的受害者。近几十年,许多经济学家和决策精英认同这一政策取向,声称"自然失业率"——实际失业率低于自然失业率,通货膨胀将加速——随时间推移而上升,任何想要把失业率拉回到20世纪五六十年代水平的企图都会导致急剧的通货膨胀。这一观点的批评者被贴上了"勒德分子"[①]

[①] 勒德分子(Luddite):源自19世纪初的英格兰纺织工人内德·勒德(Ned Lud),因认为机器会夺走工作,他和其他一些英国手工业工人参与到捣毁机器的运动(1811—1816)中。现用勒德分子隐喻反对现行新思想、新技术的人。——译者注

政策没有强调降低失业率的重要性，而中低收入工人的谈判权受失业率影响最大，他们成了最大的受害者。

的标签,然而20世纪90年代中后期发生的一个小插曲证明这些"勒德分子"是正确的。

20世纪90年代中期,股票市场开始历史性地高速膨胀,由股市泡沫支撑起的美国经济需求这时才真正地快速发展,失业率甚至下降到比经济学家所说的"会触发通货膨胀"的水平还低。当时的美联储主席艾伦·格林斯潘决定不干涉此次经济增长。尽管这一增长的根基不具有可持续性,经济最终走向衰落,但在经济快速增长时期,失业率一度下跌到4%以下,全员工资快速提升。这一繁荣期的结束,并非由于低失业率引发的通胀压力造成经济过热。相反,即使失业率下降,通货膨胀也没有变动。使经济繁荣走向终结的,是股市泡沫的破灭。

这个插曲带来的启示清晰明了:(1)经济的快速增长和低失业率是工资全面增长的必要条件,而且不会引发通货膨胀;(2)我们需要寻求更为持久的方法来维持经济增长,而不是依赖金融市场的泡沫。

图20

最低工资的减少

1960-2009年,最低工资的实际价值

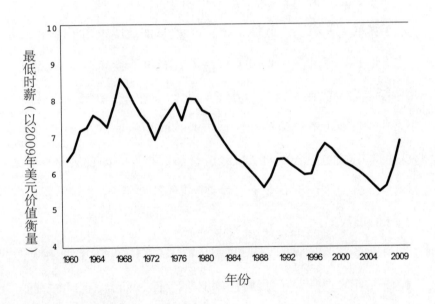

资料来源:美国劳工部工资与工时司、美国劳工统计局

图20:每一次立法加薪之后,通货膨胀必然会削弱最低工资的购买力。20世纪80年代到21世纪头十年对此的长期忽视,导致最低工资的实际价值在2006年创历史最低纪录。后来即使有加薪,也远远低于历史最高值。

图21

加入工会人数减少

1973－2009年，美国工会覆盖率

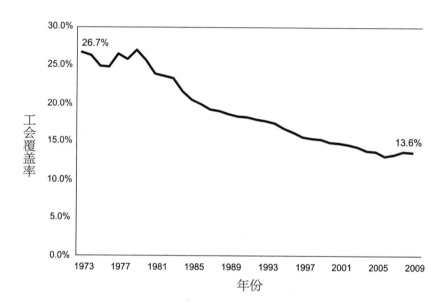

注：1973—1976年数据根据期间工会人数的年度百分比变化估算得出。
资料来源：希尔施（Hirsch）、麦克弗森（Macpherson）（2010），美国劳工统计局

图21：加入工会的人数从1973年开始持续下降。

图22

美国日益融入全球经济

1947－2007年，进出口占国内生产总值的百分比

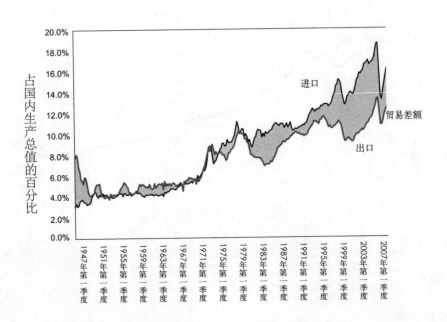

资料来源：美国经济分析局数据

图22：美国经济越来越多地融入到整体贫困得多的全球经济中。

图23

制造业减少,金融业增多

私营经济中制造业和金融业所占的份额*

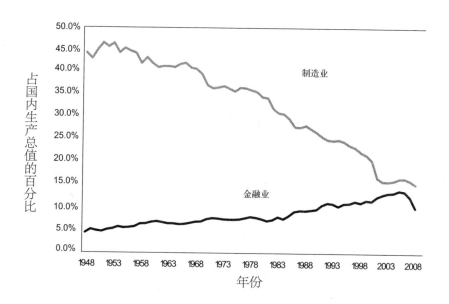

*只计算薪酬和企业利润

资料来源: 美国经济政策研究所对美国经济分析局数据的分析

图23: 从20世纪80年代起,金融业在经济中所占份额开始上升,而制造业一直以来的平稳下降则开始出现根本性加速。到了21世纪头十年,这两个领域在经济中所占分量已大致相当。

图24

偏离目标

非加速通货膨胀失业率（NAIRU）对实际失业率

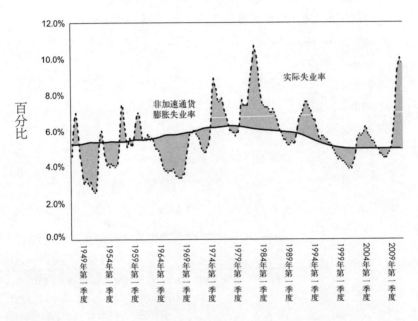

资料来源：美国国会预算局和美国劳工统计局数据

图24：官方对"非加速通货膨胀失业率"——实际失业率低于非加速通货膨胀失业率，将触发急剧的通货膨胀——的估算通常都过高，以致决策者无法给所有需要工作的人提供就业机会。尽管非加速通货膨胀失业率定得已属保守，过去三十年里实际失业率常常高出这一目标。再往前推三十年，期间实际失业率常常低于非加速通货膨胀失业率。而在以前，偏离目标的情况并不经常出现。

选择决定经济

所有这些政策抉择——最低工资的价值；劳工与雇主在组织工会争端上的法律界限；给美国工人何种保护以应对全球化压力；金融机构自我调节的自由度有多大；对国际贸易和贷款模式实行多大力度的监管；合适的通胀水平和失业率是多少——都是人为选择，而非天气模式。

决策者（做出这些选择虽然另有图谋）向公众兜售其经济策略时，承诺他们的抉择将释放大量经济效能，提高所有人的生活水平。显然，他们对大多数美国工薪家庭言而无信。生产力（每小时工作产生的收益）的增长趋于缓慢，而**这些缓慢增长的成果也被一小撮美国权贵阶层收入囊中**。

承诺没有兑现，但也不能保证这些政策选择会发生彻底改变。因为虽然对典型美国家庭而言，其结果是灾难性的；但给经济精英带来的，却是不折不扣的福利。要改变政策路线，最富有的群体就得适应跟广大美国民众更加一致的收入增长，拆除为确保自身收入安全而设立的隔离现实竞争的壁垒。最后，对于阻止或限制带来巨额收入的种种金融活动，他们还要认可这种做法的必要性，以免危害到更广泛的经济领域。

彻底改变过去三十年来最有钱有势的人支持的经济策

承诺没有兑现,但也不能保证这些政策选择会发生彻底改变。因为虽然对典型美国家庭而言,其结果是灾难性的;但给经济精英带来的,却是不折不扣的福利。

略,绝非易事。但是,"大衰退"告诉我们,**这是必须的!** 除了没能广泛提高民众的生活水平,政府所奉行的经济策略还依赖于不断增长的债务和资产市场的泡沫,而为了维持消费者的购买力和经济的活跃度,甚至允许泡沫膨胀到灾难性的程度。这一切都没有为经济增长打下持久的基础。

进一步说,经济增长应该建立在所有劳工工资普遍增长的基础上,这样才能增强购买力,提高生活水平,而不是通过大量举债来实现。如果在增加工资的同时,能够提供基本的经济安全保障,那就简单多了——疾病、伤害或其他不幸将不会让人穷苦一生。

只给极少数人带来财富的经济并不安全,充斥着纷争;建立在广泛繁荣和安全基础上的经济,不仅让我们生活的社会变得更加美好,也使经济更加稳定,避免"大衰退"的重演。如果说我们在过去的两年里应该得到教训,那就是不要把经济基础建立在一盘散沙之上。

"大衰退"前三十年间的收入:增长更慢,更不公平

在1947—1973年的这26年里,各个收入阶层的经济增长迅速且分配公平。最贫穷的20%家庭和最富裕的20%家庭收

入增长一样快,收入介于这两者之间的每个人的生活水平提升的速度也是接近的。

从那以后,生活水平的平均增速却明显减慢。从1973年到1995年,生产力(或者说每小时的工作所创造的收益)的增长直线下降,甚至不到之前26年增幅的一半。从1995年开始,生产力显著增长,但仍旧无法超越1947—1973年的发展水平。

增速减缓,伴随着**不公平程度的大大加剧**。美国典型家庭的收入增长之前可以反映出整体生产力的发展,但从20世纪70年代后期开始趋于平缓,远远低于生产力的增长水平。**最贫穷家庭的收入增长落后于中等收入家庭,中等家庭则落在了最富裕家庭的后面。**

不公平的加剧并非完全不受干预,1996—2000年间,美联储同意将失业率逐渐降到大大低于大多数经济学家坚持的水平,全员的工资水平开始迅速上升。这显然是在提示我们:经济政策的制定既影响经济的增速,也影响分配的公平。

2001年股市崩盘,不公平状况得到短时间的改善,但旧模式随后卷土重来,不公平现象加剧速度更甚以往。这样的不公平和生产力减速最为清晰有力地表明,从典型美国家庭的角度看,经济在"大衰退"之前几十年里就展现出的潜力并没有得到完全发挥。

第五章 "大衰退"揭露出的脆弱基础

图25

"又快又公平"对"又慢又不公平"

1947－1973年和1979－2009年，按家庭收入五分位分组的实际收入增幅

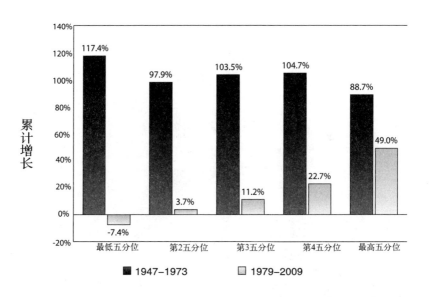

资料来源：美国经济政策研究所对美国人口普查局数据的分析

图25："又快又公平"对"又慢又不公平"的收入增长。"尖桩篱笆"柱状体表示1947—1973年的收入增长，每一组五分位均高出1979—2009年数值，且每组高度基本相当。"楼梯"柱状体表示1979—2009年的收入增长，每一组五分位均低于1947—1973年数值，但收入等级越高，增长越快。

图26

增长跑哪里去了？

1979—2007年，税前收入增长分布

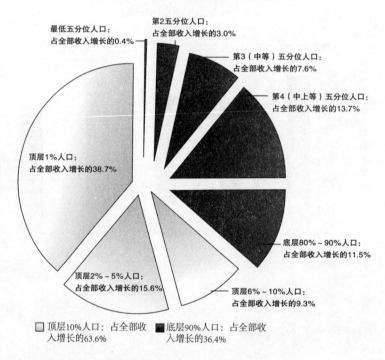

资料来源：经济政策研究所对美国国会预算办公室2010年"平均联邦税率与收入报告"（*Average Federal Tax Rates and Income*）的分析

图26：自1979年以来，收入分配顶层10%的人口占有全部收入增长的将近三分之二，其中单是顶层1%的人口就占有整体收入增长的近40%。

第五章 "大衰退"揭露出的脆弱基础

图27

小群体获利最大

1979–2005年，按收入群体划分的家庭税前平均收入增长

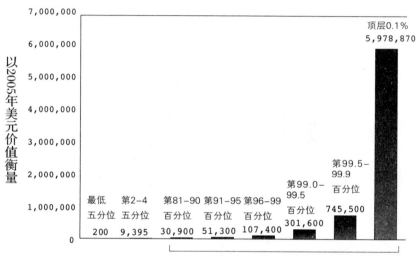

资料来源：美国经济政策研究所对美国国会预算局数据的分析

图27：收入上涨伴随着不公平的加剧，这样的经济态势并不稳固。此图展示了1979—2005年间，处于收入分配不同点位家庭的平均收入增长。在这26年里，收入最底层的20%人口平均收入只涨了200美元；顶层1%的人口平均收入增长超过100万美元，其中最顶层0.1%的人口平均增长超过500万美元，接下来的0.4%人口平均增长超过70万美元，余下的0.5%人口平均增长超过30万美元。

图28

金融崛起带来了什么？不是更多的固定资产投资

固定资产投资和金融业增加值占国内生产总值的份额

资料来源：美国经济政策研究所对美国经济分析局数据的分析

图28：金融处于投资的中间环节，一般只是为公司购买资产提供便利，因此金融业的崛起是否能够使企业在工厂与设备方面的投资显著增加，还需拭目以待。此图显示，企业的固定资产投资并没有随着金融业在经济中所占份额的上升而增多。我们不得不质疑，为什么还要投入那么多钱到金融业呢？

人人都在富起来，只是有钱人富得更快一些吗？

有人会说，抓住最顶层的收入不放不过是出于嫉妒，我们应该关心的是典型美国家庭的发展速度。简言之，如果人人都在富起来，只是有钱人富得快一些而已，又有何不妥呢？说得直接点，这一观点的问题就在于，自1979年以来，**总体收入增长的绝大部分为富人所攫取**，剩下的根本不足以让大多数美国家庭快速发展。这其中的算法很简单：总体的收入增长每年低于3%，而已经拥有整体收入三分之一的最富有的10%人口年均收入增长达到5%，那么其余人口能享受到的收入增长仅为每年1%强，不到总体增幅的一半。这就是发生在1979—2007年之间的真实情况，前10%的富人收入增长快到几乎占据了整体收入增长的三分之二。

出现上述状况的经济学原理或许不如简单的算法好理解，但重要的是我们需要牢记：一个人的工资就是另一个人的花费。因此，汽车工人工资的缓慢增长对他们自己而言是坏事，但对于购车的人却是好事；金融专家工资的迅速增长对他们自己而言是好事，但对寻求金融服务的企业和家庭却是坏事。

自1979年以来，总体收入增长的绝大部分为富人所攫取，剩下的根本不足以让大多数美国家庭快速发展。

过去三十年里,律师和外科医生的生活水平迅速提升,一个关键原因正是大部分美国工人的工资增长速度远不如他们。汽车工人和园艺工人的收入增长缓慢,所以汽车和草坪养护服务变得相对廉价,反而提高了不从事这些领域的人的生活水平。律师、外科医生和金融专家可以享受到廉价的商品和服务,因为工人们的工资增长极其缓慢,同时他们自己的工资增长却迅速得多。

总之,随着时间的推移,**特权阶层攫取"经济蛋糕"的份额越来越大**,留给其他人的自然越来越少。考虑到过去三十年的整体收入增幅,中低收入家庭要享受更多收入增长的唯一方法是顶层家庭的收入增长减少。想让顶尖收入人群的收入增长放缓,并非出于嫉妒,而是出于简单的认知:顶层获得越多,意味着中层和底层所得越少。

图29

9,220美元的不公平负担

家庭实际中位收入和与平均收入增幅相对应的收入

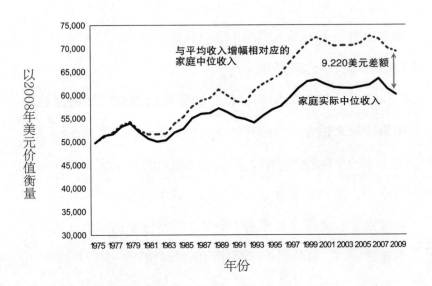

资料来源：美国经济政策研究所对美国人口普查局数据的分析

图29：此图展现了顶层人口是如何榨取中层人口的收入增长的。实线代表中位家庭的实际收入，虚线代表与平均收入增幅相对应的收入（即如果这些年来不公平现象没有加剧，本该呈现的收入）。如果所有人的收入增长都与总体的平均增幅一致，那么今日家庭的中位收入应该比实际高出14%，即9,220美元。

第五章 "大衰退"揭露出的脆弱基础

图30

就业减少，贫困增多

1959－2009年，贫困率和贫困线两倍以下的人口比例

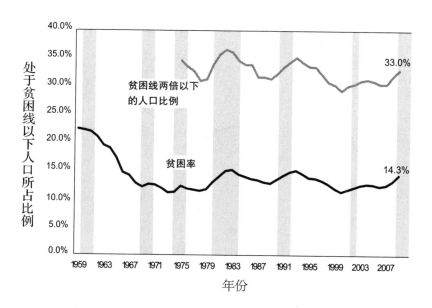

注：阴影部分表示经济衰退时期。
资料来源：美国人口普查局"历年贫困表格"（*Historical Poverty Tables*）

图30：底层人口的收入受到了更严重的压榨。尽管劳工人均国内生产总值自1975年以来上升了将近60%，生活在贫困线以下或收入在贫困标准两倍以下的人口比例实际却上升了。

097

图31

另一不公平负担——贫穷不再随经济增长而减少

1959-2009年，实际贫穷率与模拟贫穷率

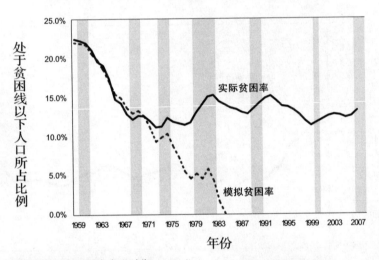

注：阴影部分表示经济衰退时期。

资料来源：实际贫困率源自美国人口普查局数据。模拟贫困率基于美国经济分析局1973年人均国内生产总值对实际贫困率的回归分析，再运用此模型预测后面年份的贫困率。关于此研究方法的更多介绍，详见但泽格（Danziger）、戈特沙尔克（Gottschalk）（1996）。

图31：不公平的加剧促使整体经济增长与减少贫困之间的关联不复存在。如果国内生产总值的整体增长与贫困率之间的相互关联能保持1959—1973年间的状态，那么在20世纪80年代末之前，贫困率将会降到零。可惜这样的关联性没有得到良好的维系，贫困率下降的进程反倒戛然而止。

为什么典型家庭的收入与整体经济增长不符？

为什么典型家庭的收入与整体经济增长不再齐头并进？这个问题有两个答案：一个是基于简单算法的表面回答；另一个则要复杂也重要得多。

不公平加剧的算法：大部分美国劳工的工资增长减缓

家庭的中位收入为什么再也跟不上生产力的增长？最简单的答案是，与第二次世界大战后的二十五年相比，工人时薪的增幅暴跌。

的确，1996年至2000年期间的充分就业令人欣喜，但这只是一个例外，过去三十年里的大部分时间，许多美国劳工都经历着工资大灾难。如果时薪没有呈现上升趋势，工人们只有加班才能增加收入。当今的工薪家庭因为"挤时间"而疲惫不堪，也就不足为奇了。近几十年时薪增幅的暴跌，意味着大多数工薪家庭只有通过延长工时才能获得稳固的收入增长。

不公平加剧的经济学原理

显而易见，美国劳工的薪酬增长体系已经崩塌，这对整体的收入增长是个沉重的拖累。为什么会发生这种事呢？

对于大多数劳工的工资不再跟得上生产力的提高，一个过去三十年里的大部分时间，许多美国劳工都经历着工资大灾难。

可以想到的回应是，责备受害者。最简单的指责就是断定美国劳工的技能不足，坚称待遇高的工作是有的，只是美国劳工资质不够罢了。

在越来越多的美国劳工拥有大学学历的现实面前，这样的说法显得苍白无力。而当人们看到典型大学毕业生的工资增长与生产力的增幅相比实在不足挂齿时，这样的说法就更站不住脚了。

另一个比较容易接受的说法是，一系列的经济政策和发展影响了美国普通劳工与雇主和经济精英面对面谈判的地位。过去三十年的所有经济政策不仅没能加速经济增长，而且每一项政策都给典型美国劳工的工资增长带来下行压力。人们开始意识到，这是有意为之。

过去三十年的所有经济政策不仅没能加速经济增长,而且每一项政策都给典型美国劳工的工资增长带来下行压力。

图32

整体繁荣和个人富足之间的分离

1947－2009年，生产工人的薪酬与生产力的增长

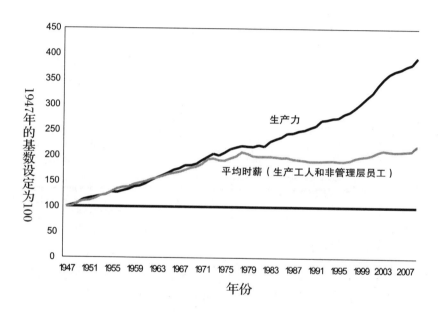

资料来源：美国经济政策研究所对美国劳工统计局和美国经济分析局数据的分析

图32：普通工人的时薪不再随整体生产力的提高而上涨，这很好地解释了不同阶层家庭收入不公平加剧的现象。私营部门里生产工人和非管理层员工占到80%，他们的薪酬曾和整体生产力联系密切，但过去二十五年来几乎没有什么起色。

不仅仅是得到大学学历这么简单

1973－2009年，按劳工受教育程度划分的中位时薪和生产力增长

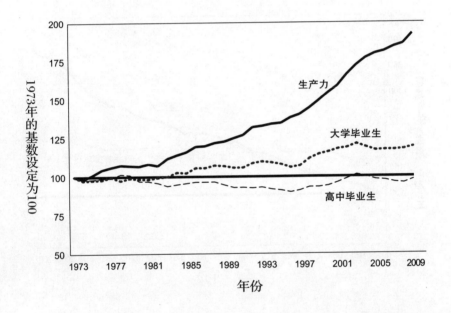

资料来源：美国经济政策研究所对美国劳工统计局和美国经济分析局数据的分析

图33：不公平的加剧常被归咎于美国劳工技能不足。这样的说法不仅其前提不成立（拥有大学学历的劳工自1973年以来翻了几乎一番），而且人们没有意识到，近几十年来即使大学毕业生的中位工资也不如人意，而且远远落后于生产力的增长。

第五章 "大衰退"揭露出的脆弱基础

图34

即使处于百分位第95位人群的工资也没有和生产力同步

1973－2009年，以工资百分位划分的时薪和生产力增长

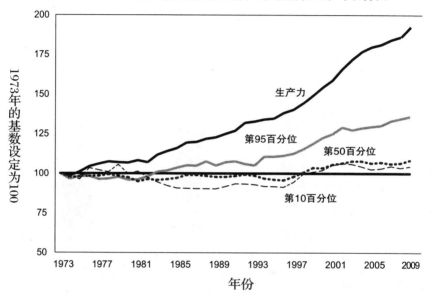

资料来源：美国经济政策研究所对"当前人口调查"交替退出采访家庭①的数据分析

图34：要达到怎样的收入级别，工资增长才能和生产力增长同步呢？答案是超过收入处于百分位第95位的人群。

---

①**交替退出采访家庭**（Outgoing Rotations Group）：进入"当前人口调查"的家庭每月接受一次采访，持续四个月，之后间隔八个月，再接受每月一次的采访，持续四个月。每月均有新的家庭进入调查，也有家庭完成采访退出调查。通常有关每周工作时长和工资、加入工会情况等的问题在家庭接受第四和第八次采访时提出，即交替退出采访的那一个月。"当前人口调查"报告仅提取退出采访时的调查数据。——译者注

图35

低收入劳工更容易受到失业率变化的影响

失业率下降一个百分点后，以工资十分位分组的男女劳工工资的百分比变化

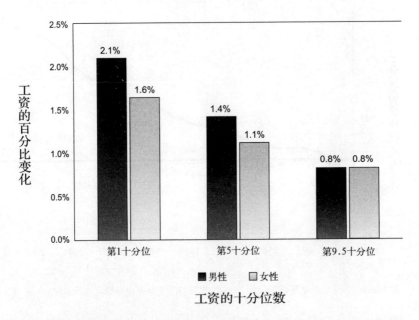

资料来源：美国经济政策研究所对美国劳工统计局和"当前人口调查"交替退出采访家庭数据的分析

图35：不以降低失业率为目标，对低收入者的打击最大。此图展示了处于工资级别不同点位的人，失业率变化对其工资的影响。低收入劳工的工资最容易受到总体失业率的影响。

图36

工会覆盖率下降对收入最低者伤害最大

按工资百分位分组的工会工资溢价

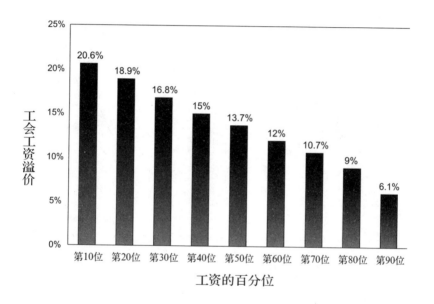

资料来源：施密特（Schmitt）（2008）

图36：工会覆盖率下降，最大的受害者是低收入者。此图展示了处于工资分配不同点位群体的工会工资溢价——即使在考虑了诸如受教育程度和年龄等个人因素后，加入工会将获得的工资提升。处于收入分配较低百分位的工会成员获得的工资提升最大。

图37

普通劳工的全球化负担

全职中位收入者的年收入

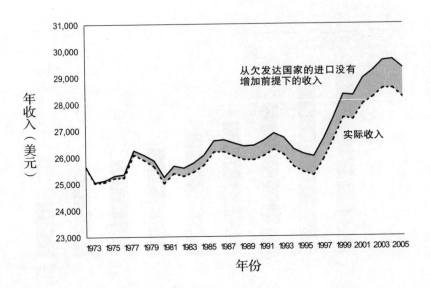

资料来源：比文斯（Bivens）（2008）

图37：虽然全球化加快只是不公平加剧的一小部分原因，但对大部分美国劳工而言，它终归意味着实实在在的金钱。此图基于比文斯2008年的研究成果绘制，展现了全职中位收入者的年收入，包括1973年以来的实际收入和假设没有越来越多地从欠发达国家进口的前提下、不受挤压的应有收入。

图38

更多的薪酬流向最顶层人口

1965－2009年，首席执行官平均直接薪酬总额与生产工人平均薪酬的比率

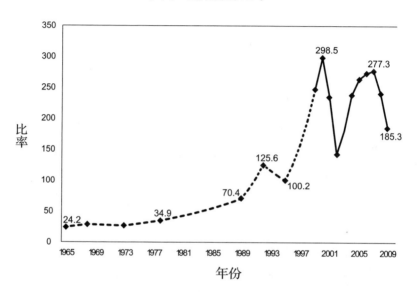

注：图中菱形标记表示明确知道的比率，虚线表示此年份比率估算得出。
资料来源：作者对《华尔街日报》（*Wall Street Journal*）/美世咨询公司（Mercer）、合益集团（Hay Group）（2010）调查报告的分析

图38：首席执行官赚的钱总是比他们的下属多得多。但过去三十年里，这一比率呈现爆炸式增长。

图39

在金融业工作的红利

金融业全职工作者与其他私营部门工作者人均收入的比率

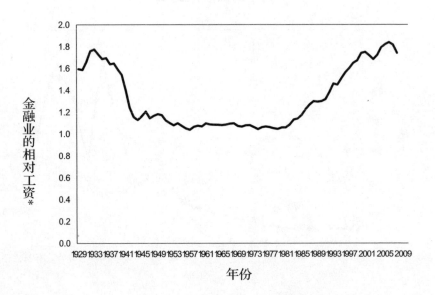

*金融业全职工作者与其他私营行业工作者人均收入的比率

资料来源：美国经济政策研究所对美国经济分析局数据的分析

图39：从20世纪70年代末开始，随着金融业在经济中所占份额的增多以及监管的缺失，过去数十载曾与其他私营领域薪酬水平大致相当的金融业，却迎来了薪资的飙升，甚至超过了20世纪30年代经济"大萧条"爆发前的水平。

之前提到过，在20世纪90年代末的充分就业时期，工资快速增长。越来越多的证据表明，持续的高失业率妨碍了工资的增长，但对所有劳工的影响不尽相同。**低收入者受高失业率的影响更大，高收入者受到的影响要小得多**。宏观经济政策把低通胀率而非低失业率作为首要出发点，这一政策转变给美国劳工的工资带来沉重一击，那些**最弱势的工人尤其不堪一击**。

劳动力市场关键制度——尤其是工会和最低工资——的没落，也拖了美国人工资的后腿。随着过去三十年工会成员的减少以及最低工资价值遭到通货膨胀的侵蚀，**数千万工人的谈判地位无疑受到了削弱**。

全球化，尤其是遵循"保护企业利益，不顾美国弱势工人利益"规则的全球化，也成为近几十年阻碍美国劳工工资增长的一大绊脚石。

工资的缓慢增长没有换来更多的经济安全或缩小种族差距

如果过去三十年来工资的缓慢增长能够在某种程度上使经济更加安全，那么前景或许会明朗一些。凡事岂能尽如人意？对大多数美国家庭而言，工资的缓慢增长伴随着宏观经济政策把低通胀率而非低失业率作为首要出发点,这一政策转变给美国劳工的工资带来沉重一击,那些最弱势的工人尤其不堪一击。

经济安全的下滑。

从长期来看，收入增长的水平总体上呈下降趋势，但每年的变化波动性无疑在加大。近几十年来，美国人享受医疗保险的趋势在很大程度上处于停滞状态（"大衰退"使情况变得更糟），只是公共医保制度如老年医疗保险和低收入家庭医疗补助等的不断扩展，才使医疗保险覆盖率没有彻底下滑。美国劳工享受退休金制度的份额在缩小，即使那些被纳入退休金制度的人，通常享受的是风险较高的固定缴款制（Defined-Contribution Plans），而不是更为可靠的固定收益制（Defined-Benefit Plans）。

图40

医保覆盖率三十年来没有进展

1959—2007年，65岁以下人口不享受医保的比重

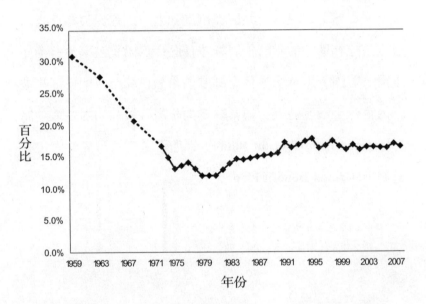

注：菱形标记的前三个数据（1959年、1963年、1968年）仅代表不享受住院保险的比重，虚线代表数据不明。
资料来源："美国全国医保调查"（*National Health Insurance Survey*）；科恩（Cohen）等（2009）

图40：过去的二十年里，65岁以下人口的医保覆盖率没有任何重大进展。别忘了，65岁以上人口享受由单一公共支付体系（老年医疗保险制度）提供的全民医疗保障。

第五章 "大衰退"揭露出的脆弱基础

图41

养老金覆盖率——平稳中隐藏着风险

1979－2008年，不同类型的退休金制度

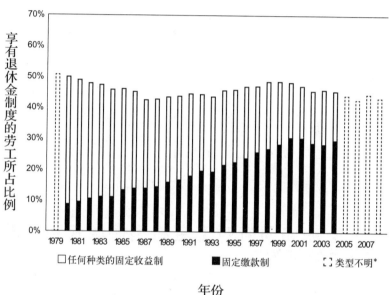

*无法区分是属于固定收益制还是固定缴款制的年份
资料来源：美国经济政策研究所对"当前人口调查"3月份数据和退休研究中心数据（Center for Retirement Research）的分析

图41：较少劳工享有雇主提供的养老金制度。而享受养老金制度的劳工，越来越多地被纳入自己承担更高风险的固定缴款制中。

即使是寿命的增长，在过去二十五年里，也严重地向富裕阶层倾斜。

值得一提的是，工资的缓慢增长并没有缩小不同种族之间在失业率、家庭收入或资产净值方面的差距。在这个国家，不同的种族通常会有截然不同的经济收益；但是过去三十年来，不同的种族都同样经历了经济不景气的时期。非裔美国人的失业情况尤其引人注目，几十年来他们的平均失业率大约是白人的两倍。"大衰退"时期，在整体失业率超过8.5%的州，自动启动全额（持续53周）"紧急"失业救济金。然而，自1979年以来的369个月里，只有45个月非裔美国人的失业率低于8.5%，约占总时间的12%。

美国家庭如何应对工资的缓慢增长和经济安全性的下降？

随着工资增长放缓，美国家庭想出种种应对办法。他们多工作，少储蓄，多贷款。

多工作在几年内是有用的，通过增加数百小时的带薪工作时间，许多家庭能够增加收入。当然，把加班作为对策是有其局限性的。一旦家庭的每个成年人成为全职工作者，这个家庭就不可能通过持续不断地延长工时来增加收入。总之，除非美国家庭学会了不眠不休，或是让童工合法化，否则通过加班来增加收入的空间非常之小。

减少储蓄、增加贷款同样也有局限性，这在"大衰退"时期表露无遗。私人贷款（包括家庭和企业贷款）的增加取决于金融部门开展借贷的意愿。如果这种意愿建立在对未来的盲目预期（例如，期待房价一直上涨）上，那么迅速的崩盘是不可避免的，这样一来，经济不得不经历痛苦的调整。但他们还真这么做了……"大衰退"就爆发了。

但是，金融领域多年来的泡沫——20世纪90年代末的股市泡沫和21世纪头十年的房产泡沫——促使金融部门愿意继续放贷，从而维持经济运转，使经济不致搁浅。金融化（即金融部门在整体经济中的重要性越来越大）因此成为应对机制的一个重要部分，它令经济在一段时间内持续增长，纵使大多数家庭的收入增速不及周围经济的发展速度。

图42

连预期寿命增长也不公平

1972–2001年，不同收入群体享受社保男性（60岁）的预期寿命

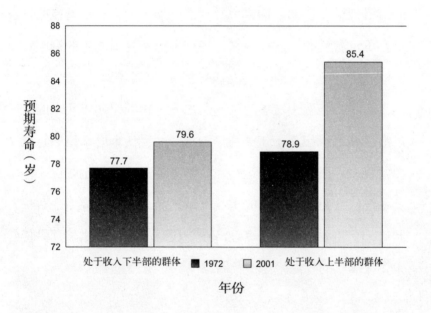

资料来源：经济政策研究所对沃尔德伦（Waldron）（2007）的分析

图42：近几十年来，连预期寿命增长也不公平。处于收入下半部分的人群预期寿命增长不到2年，而处于收入上半部分的人群预期寿命增加6.5年。

第五章 "大衰退"揭露出的脆弱基础

图43

"大衰退"前，美国人储蓄少、消费多

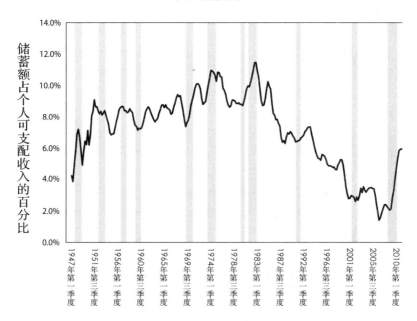

*四个季度的移动平均数

注：阴影部分表示经济衰退时期。

资料来源：美国经济分析局数据

图43：从20世纪80年代早期到"大衰退"爆发前，个人储蓄率呈平稳下降态势。自"大衰退"发生后，美国家庭纷纷缩减开支，又开始大笔储蓄。尽管从长期来看，储蓄是件好事。但是，对消费者支出的冲击是导致"大衰退"的一个重要原因。

图44

收入增长减慢,债务随之增加

1945-2009年,家庭负债与个人可支配收入的比率

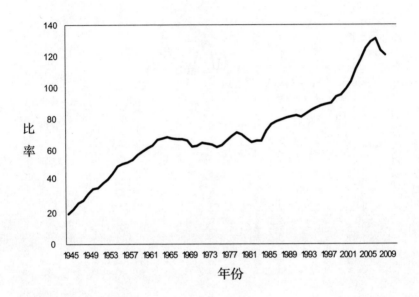

资料来源:美国经济政策研究所对美国经济分析局和美联储"资金流动"数据的分析

图44:"大衰退"发生前的25年里,储蓄的减少和收入的缓慢增长,转化为债务和个人收入之间的比率直线上升。但过去两年里,在个人收入减少的情况下,这一比率甚至出现了下降,说明美国家庭有多么渴望迅速摆脱债务。

图45

20世纪90年代末，股市泡沫代替了储蓄

1947－2009年，周期调整市盈率（CAPE）

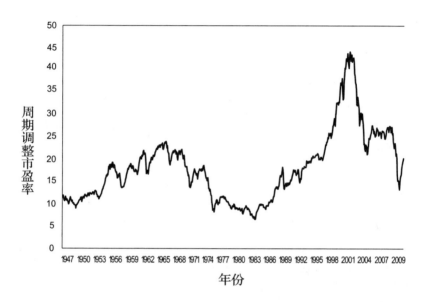

资料来源：罗伯特·希勒（Robert Shiller）（2010）

图45：曾经有段时间，家庭可以在减少储蓄的同时稳步实现他们的财富目标（退休后有保障，供孩子上大学），因为股市泡沫使家庭的财产净值大幅增加。2001年，股市泡沫破灭；2008年，股票市场又一次跌入低谷。

图46

21世纪头十年，房产泡沫取代了储蓄

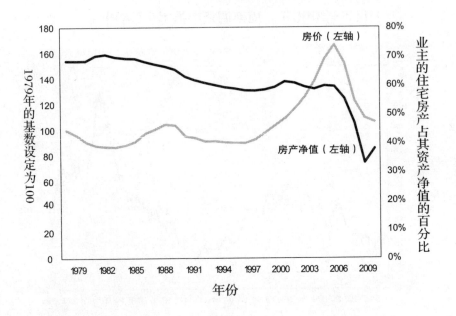

注：房产净值用于衡量业主的住宅房产总值占其资产净值的份额，价格指数用于衡量通胀调整后的房价。

资料来源：房产净值数据源自美联储；房价指数数据源自希勒（Shiller）（http://www.econ.yale.edu/~shiller/data.htm）

图46：21世纪头十年，即使房价越来越高，业主的房产净值实际上在减少。这表明房产的价值在这十年里被大量剥夺，用于贡献经济的增长。房价泡沫的破灭导致业主的资产净值大跳水。

但金融化到头来还是无法持久地支撑经济的增长。经济依赖于不断上涨的资产价格，除了使极少数上层人士更加富裕外，带来的益处寥寥无几，反倒种下了自我毁灭的种子。经济终究是要靠需求来运转的，即通过现有的工资与收入来获取经济的可持续发展，而不是通过房价上涨带来的账面收益来拉动经济。

当然，我们不能弃沙抛金。例如，科技主导的股市泡沫，实际上支撑着20世纪90年代末充分就业时期的工资繁荣。虽然事后看来，这一繁荣的源头并不稳定持续，但没有任何理由认为低失业率与强劲的工资增长本身是不可能持久的。要实现两者的可持续发展，需要有一个强大的经济体，其工资收入足以支撑典型家庭生活水平的提高，而不是依靠房产或股票价格泡沫带来的账面收益。

第六章

何去何从？

经济政策导致收入增长缓慢且分配不均，给美国工薪家庭带来重重压力，最终不仅让工薪家庭不堪重负，还破坏了美国的经济。而目前几乎没有出台补救措施的迹象。

2010年8月，失业率达9.6%，基本上和一年前持平。大多数私立和公共机构预测，2011年同期也会保持这一水平。接下来几年的经济挑战实在不容乐观，仅仅是恢复到2007年的状态就需要花好几年的时间。即使这样还不够，我们**需要构建一个更好地为美国工薪家庭服务的新经济，应该做出惠**

经济政策导致收入增长缓慢且分配不均，给美国工薪家庭带来重重压力，最终不仅让工薪家庭不堪重负，还破坏了美国的经济。

及所有美国劳工的经济抉择,而不只是让权贵阶层获利。要做到这一点,我们就得设计一种运行得更好的经济,不再冒"大衰退"重演的风险。

不妨把美国经济想象成一个慢性病患者,主要病因是他选择抽烟、吃不健康食物、不锻炼身体。他又做出了另一错误决定,与鲨鱼一同游泳,随即被咬伤。首先要做的无疑是给伤口止血,伤口不愈合,慢性病的治疗就不可能取得重大进展。而一旦伤口愈合,这位病人急需帮助来彻底改变那些导致慢性病的错误决定。

当今的决策精英们严重低估了伤口和慢性病的危害。尽管已经采取了许多措施来应对经济衰退,决策者的紧迫感明显减弱,认为经济已经走上复苏之路。这一判断太过草率——私立机构的主流预测是,2011年的失业率会高于2010年,成为自1948年美国劳工统计局开始持续追踪记录以来全年失业率最高的一年,甚至高出20世纪80年代初经济衰退时期最糟糕的一年;2012年,失业率将高出20世纪90年代初经济衰退时期最糟糕的一年;甚至在"大衰退"爆发整整六年后的2013年,失业率将比21世纪头几年经济衰退时期最糟糕的一年还高。简言之,现在宣布情况稳定还为时过早。

(编者按:根据美国劳工统计局的数据,2010年美国年均失业率

为9.6%，2011年为8.9%，2012年为8.1%，2013年为7.4%）

救助经济的方法显然是有的。我们的经济需要更多对商品和服务的需求，还要有财政、货币和汇率政策的全力支持来刺激这一需求。可是，政治和意识形态却成了拦路虎。在好经济策略和蹩脚政治主张的较量中，政治似乎每次都是赢家，这一次也不例外。而有一点是毋庸置疑的：**承受"大衰退"后如此缓慢的复苏是人为选择，并非不可避免。**

最近几十年美国做出了有悖常理的经济抉择，或许最后一个解释能一语道破玄机。在21世纪头几年经济衰退时期，2003年形势最为严峻，失业率开始抬头，达到6.0%。这一失业率水平成为支持增加3500万亿美元国债用于减税（即2003年颁布的《就业与增长税收减免协调法案》，Jobs and Growth Tax Relief and Reconciliation Act，简称JGTRRA）的例证。减税政策使富有的纳税人大大受益，实际创造的就业机会却微乎其微，但还是获得国会通过。现在预测的2011年失业率略低于10%，但国会似乎不愿意采取如《就业与增长税收减免协调法案》一样的大动作，即便今天的危机明显更加严重，而且有许多创造就业的有效途径需要像《就业与增长税收减免协调法案》一样规模的财政支持。这再次说明，现今的经济困境是人为选择的结果，并非不可避免。

如果是为了彻底改变造成增长缓慢和不公平加剧这一慢性病的错误决定，那么急于宣布"大衰退"的余波已经消退是完全可以原谅的（尽管不明智）。但正如政策制定者在应对"大衰退"带来的直接影响时，受到正统政治与意识形态的束缚一样，绝大多数决策者似乎受制于他们认定的经济发展的必然方向。

要构建一个可信赖的经济，能提高所有人的生活水平，就必须选择一条完全不同的道路。提高最低工资的价值，使之与物价指数挂钩，从而与整体的经济增长保持同步，其价值不应由那些不关心底层收入者所处困境的政客一时的念头来决定。变革工作场所管理法，使有加入工会意愿的劳工在受到雇主阻挠时，可以行使自己的权利，而不必冒风险。如果劳工遭遇接二连三的厄运或不良的雇主与保险公司，要从法律上保证他们的退休和医疗保障不会因此蒙受沉重损失。如果没有站在所有美国劳工的角度来考虑，经济精英就不能决定美国经济哪部分应该融入整体贫穷得多的全球经济、哪部分避免被整合。加强对金融部门的监管，避免其过度扩张。监控国际资本流动，防止其在国内外兴风作浪。（很多出自公共部门的）大手笔投资应该放到国家的基础设施建设，尤其是教育上，以满足经济蓬勃发展的需求。美联储和

其他决策者有责任把充分就业奉为政策目标。最后,虽然消除就业、工资和资产净值上的种族差异任重道远,但应作为政策制定的主要目标。

上述所有改变将会使经济力量的天平不再偏向权贵阶层,这些少数分子在过去三十年里获利颇丰,而使天平重新向每个民众倾斜。但要做到并不容易,尽管权贵阶层只占少数,他们财力雄厚,能够让首都华盛顿的决策层相信他们喜欢的政策是经济成功的唯一途径。从某种意义上说,他们说得没错:他们喜欢的政策是使他们自己得到超常的经济成功的唯一途径。但这条路对于太多的美国工薪阶层而言,是一条死胡同。是选择另一条道路的时候了!

这一切都需要我们做出坚定的选择,把经济带向一个不同的方向,但它不会自己发生。正如政策可以在过去三十年里,用来使少数人致富而把其他人落在后面,要设计颠覆这种赢利模式的经济政策也是行得通的。这种经济选择甚至可以更加奏效,不仅使典型美国家庭的生活水平提升更快,还可以使经济运行更加稳定,不易出现像"大衰退"一样的大震荡。

第六章 何去何从？

决策者有责任把充分就业奉为政策目标。最后，虽然消除就业、工资和资产净值上的种族差异任重道远，但应作为政策制定的主要目标。

参考文献

比文斯，乔希. 2008. 人人都是赢家，除了我们中的大多数：经济学告诉我们什么是全球化. 华盛顿特区：美国经济政策研究所.

[Bivens, Josh. 2008. *Everybody Wins, Except for Most of Us: What Economics Teaches About Globalization.* Washington, D.C.: Economic Policy Institute.]

布林德，艾伦·S.，马克·赞迪. 2010. "大衰退"是如何终结的. 研究报告.

[Blinder, Alan S., and Mark Zandi. 2010. "How the Great Recession Was Brought to an End." Working Paper.]

科恩，罗宾·A.，黛安·M.马库克，艾米·B.伯恩斯坦，琳达·T.毕海默，伊夫·鲍威尔－格里纳. 2009. 1959－2007年医保覆盖趋势：基于全国卫生访问调查的测算. 美国卫生统计报告. 第17期. 马里兰州海厄茨维尔：疾病控制与预防中心.

[Cohen, Robin A., Diane M. Makuc, Amy B. Bernstein, Linda T. Bilheimer, and Eve Powell-Griner. 2009. *Health Insurance Coverage Trends, 1959－2007:Estimates from the National Health Interview Survey*. National Health Statistics Reports, No. 17. Hyattsville, MD: Centers for Disease Control and Prevention.]

但泽格，谢尔顿，彼得·戈特沙尔克. 1996. 不公平的美国. 剑桥：哈佛大学出版社.

[Danziger, Sheldon and Peter Gottschalk. 1996. *America Unequal*. Cambridge: Harvard University Press.]

希尔施，巴里·T，大卫·麦克弗森. 1973－2010年所有体力和脑力劳动者中，工会成员覆盖、密度和就业情况. 工会成员和覆盖范围数据库. http://unionstats.com.

[Hirsch, Barry T., and David Machpherson. "Union Membership Coverage, Density, and Employment Among

All Wage and Salary Workers, 1973－2010." Union Membership and Coverage Database. http://unionstats.com.]

施密特,约翰. 2008. 低收入劳工加入工会后的工资优势. 经济政策研究所报告. 华盛顿特区：美国经济政策研究所.

[Schmitt, John. 2008. "The Union Wage Advantage for Low-Wage Workers." CEPR Report. Washington D.C.: Center for Economic Policy Research.]

希勒,罗伯特. 2010. 《非理性繁荣》数据的在线更新. 普林斯顿大学出版社. http://www.econ.yale.edu/~shiller/data.htm

[Shiller, Robert. 2010. Online updates to data first presented in *Irrational Exuberance*. Princeton University Press. http://www.econ.yale.edu/~shiller/data.htm]

沃尔德伦,希拉里. 2007. 享有社保的男性工作者中，按不同社会经济地位划分的死亡率差异和预期寿命趋势. 社会保障学刊. 总第678卷，第3期.

[Waldron, Hilary. 2007. "Trends in Mortality Differentials and Life Expectancy for Male Social Security-Covered Workers, by Socioeconomic Status." *Social Security Bulletin,* Vol. 678, No. 3.]

FAILURE BY DESIGN
The Story behind America's Broken Economy

美国经济政策研究所简介

美国经济政策研究所（Economic Policy Institute）成立于1986年，旨在将经济政策的探讨拓宽到包含中低收入劳工的利益。作为一家非营利性机构，美国经济政策研究所是华盛顿的智库。今天，随着全球竞争和收入不平等的加剧，以及工作方式和性质的根本性改变，工薪阶层享有经济话语权依旧至关重要。

美国经济政策研究所是最早关注美国中低收入劳工及其家庭经济状况的智库，现在仍是首屈一指的。它对美国劳工状况的研究深入细致，业已成为行业标杆。它的研究人员时常出席国会听证会，观点被媒体广泛援引，并最早披露20世纪90年代美国经济中工资与生产力增长的脱节，现在被广泛认为是导致不平等加剧的一个原因。

美国经济政策研究所现有八名博士研究员、六名政策分析师和研究助理、一名全职联络专员，以及外展员工，并与全国许多知名学者保持密切合作。美国经济政策研究所严格按照客观标准进行原始研究，并将研究成果与外延教育和大众教育相结合。其研究的经济问题涵盖面广，包括：工资、收入与物价的发展趋势；医保；教育；退休保障；国家经济发展战略；贸易与国际金融；国际经济状况比较；制造业和其他重要行业的健康状况；全球竞争力；能源发展；等等。尽管研究领域多种多样，但有一条主线贯穿其中：通过分析政策和新方案对美国公众产生的影响，以"生活水平"提高与否的角度审视这些议题。

基于其研究成果，美国经济政策研究所发行书籍、研究报告、专题概述、大众教材和其他出版物；赞助大型会议和小型研讨会；向各级政府的决策层阐述基本情况；为全国、各州和当地的活跃分子和社区组织提供专业支持；出席全国、各州和当地立法机构的听证会；为印刷和电子媒体提供信息和背景知识。一年当中，美国经济政策研究所受邀在政策研讨会、公民的小组会议和教育论坛上发言的次数数以百计。

美国经济政策研究所每年被媒体引用的次数通常超过2万次,其中出现在印刷和网络媒体的次数超过1.5万次。每年逾3亿电视观众和广播听众成为美国经济政策研究所及其研究员的受众。

美国经济政策研究所一贯秉承高质量的研究标准,致力于成为公共辩论的可信赖参与者,和决策者、媒体、社区活跃分子、学者、企业领导、工会领袖、普通民众获取信息与数据分析的可靠来源。为确保研究方法和研究成果成为行业典范,美国经济政策研究所的研究人员均有很高资质,还聘请了多名所外专家对研究成果进行评审,甚至包括与研究所价值观相左的专家。研究人员在学术界享有良好声誉,其研究成果发表在同行评价极高的学术期刊上,如《美国经济评论》(American Economic Review)、《新英格兰医学杂志》(New England Journal of Medicine)。

美国经济政策研究所的创始人包括首任所长杰夫·福克斯(Jeff Faux);东北大学(Northeastern University)经济学家巴里·布卢斯通(Barry Bluestone);《商业周刊》(Business Week)和《新闻周刊》(Newsweek)专栏作家、《美国前景》(The American Prospect)编辑罗伯特·库特纳

（Robert Kuttner）；美国前劳工部部长、得克萨斯大学奥斯汀分校林登·约翰逊公共事务学院（LBJ School of Public Affairs, University of Texas-Austin）教授雷·马歇尔（Ray Marshall）；美国前劳工部部长、加州大学伯克利分校（UC Berkeley）教授罗伯特·莱奇（Robert Reich）；麻省理工学院斯隆管理学院（MIT Sloan School of Management）经济学家莱斯特·瑟罗（Lester Thurow）。

美国经济政策研究所是一家501(c)(3)非营利组织，享有免税资格。从2005年到2007年，大部分资金（约53%）源自基金会的捐赠，29%的资金源自工会。美国经济政策研究所也接收来自个人、企业和其他机构的资助。

FAILURE BY DESIGN
THE STORY BEHIND AMERICA'S BROKEN ECONOMY

作者简介

乔希·比文斯（Josh Bivens）于2002年加入美国经济政策研究所。著有《人人都是赢家，除了我们中的大多数：经济学告诉我们什么是全球化》，文章在许多学术和大众刊物上发表，包括《今日美国》（USA Today）、《卫报》（The Guardian）、《挑战》（Challenge）、《价值》（Worth）。他是各电台、电视台常邀的经济问题评论员，包括美国公共电视网（PBS）的《新闻时间》（NewsHour）栏目、《黛安·雷姆秀》（Diane Rehm Show）、美国国家公共电台（NPR）、美国有线电视新闻网（CNN）、消费者新闻与商业频道（CNBC）、路透社（Reuters）、英国广播公司（BBC），并出席国会听证会。他之前就职于位于芝加哥的罗斯福大学，并为美国国会研究服务中心（Congressional Research Service）工作。

"美国劳工状况"官方网站

美国经济政策研究所的旗舰品牌"美国劳工状况"丛书于1988年首次问世，2011年1月将独家登陆全新的官方网站（www.stateofworkingamerica.org）。"美国劳工状况"丛书之前仅以纸质书籍形式推出，现今推出了电子版，提供这些综合经济数据的在线搜索，用户体验度高。

"美国劳工状况"官方网站有超过200幅图表，旨在让用户对美国中低收入工薪家庭受到的经济影响有深入了解，可供查询的问题涵盖八个主要方面：收入、流动、工资、工作、财富、贫困、卫生、国际比较。网站开放所有图表和数据的下载，并提供多种热点话题的专题研究，如不平等、"大衰退"等。

FAILURE BY DESIGN
The Story behind America's Broken Economy

致 谢

这本小书终于问世，我深深地感到有太多需要感谢的人。书中的主要见解几乎都源自与美国经济政策研究所过去和现在的研究人员及撰稿人交谈所碰撞出的火花，谨对其表示诚挚的谢意，下列如有遗漏，敬请谅解。美国经济政策研究所现任研究员凯瑟琳·爱德华兹、凯·菲利恩、伊莉斯·古尔德、安德鲁·格林、拉里·米歇尔和海蒂·希尔霍兹为本书绘制曲线图，提供数据或审核数字。罗斯·艾森布雷、乔迪·富兰克林、约翰·艾恩斯和乔·普罗科匹厄帮助大致整理本书思路，并通读原稿、提出建设性意见。安娜·特纳负责统筹全书，包括绘制图表、追踪数据、审阅原文、核对事实，还做了大量额外的工作。

感谢所有宝贵的协助。若数据解释上出现任何错误，均由我承担。

最后，感谢霍利和费恩，他们给了我进一步发挥学术潜能的莫大动力，人世间最幸福的事莫过于此。